AF285569

Klima -
Wandel ohne Katastrophe

Wetter -
beobachten und verstehen

Hartmut Dirks

1

Klima -
Wandel ohne Katastrophe

Wetter -
beobachten und verstehen

Dirks, Hartmut, 2007

Herstellung und Verlag:
Books on Demand GmbH, Norderstedt

Printed in Germany

Fotos: Hartmut Dirks, Bremen
Satz: Astrid Dirks, Bremen

Aufnahme in die Deutsche Bibliothek

ISBN-13: 978-3-8334-9282-2

Inhaltsverzeichnis

Wetter – beobachten und verstehen

Einleitung

In diesem Buch sind die Teile Klima und Wetter in sich abgeschlossen. Es ist deshalb möglich, jeweils dem persönlichen Interesse entsprechend ausschließlich den Klimateil oder den Wetterteil zu lesen. Grundsätzlich stehen Klima und Wetter jedoch in einer untrennbaren Wechselwirkung. Zur Vertiefung empfehle ich auch den Lesestoff der anderen Disziplin.

Medien veröffentlichen ihrer Aufgabe verpflichtet das, was Journalisten nach bestem Wissen und Gewissen recherchiert haben. In zunehmendem Maße auch Meldungen, Berichte und Reportagen zum Thema Klimawandel und einer drohenden Klimakatastrophe. Fachleute, besonders auch aus Forschungseinrichtungen in Universitäten, gelten da zu Recht als seriöse Quellen. Das Thema Klima ist so alt wie das Thema Wetter. Ein kalter Winter regte die Phantasie der Menschen oft an und prompt meldeten auch Medien, es könne bald wieder eine Eiszeit über die Menschheit hereinbrechen. Gab es einen heißen Sommer, reichte die Phantasie bis hin zur Bildung von Wüsten in Deutschland. Wie ein Katalysator wirkte dabei das schlechte Gedächtnis der Menschen mit. Wir Menschen wissen meist nicht mehr, was wir vor 21 Tagen (3 Wochen) zu Mittag aßen. Wissen Sie es noch? Wann es das letzte Mal geschneit hat und welcher Sommer besonders heiß war, vergessen wir auch verhältnismäßig schnell. Nur wenn mit dem Essen, Wetter oder Sommer etwas einprägsames verbunden war, speichern wir das leichter ab. Beispielsweise vergessen die Norddeutschen nicht den besonders kalten und schneereichen Winter 1978/79, der auch als Schneekatastrophe bezeichnet wurde. Der Sommer 2003 prägte sich als besonders langer und heißer Sommer auch deshalb nachhaltig ein, weil durch Medien bestätigt von Meteorologen und Klimatologen, fortwährend Superlative verbreitet wurden. Diese lassen sich besser verkaufen. So wurde der Sommer 2003 erfolgreich von Nachrichtenagenturen und in Folge von deren zahlreichen Medienkunden als Jahrhundert-Sommer und gesteigert schließlich als Jahrtausend-Sommer verkauft. Dabei waren das Jahrhundert und damit auch das Jahrtausend erst drei (! ! !) Jahre alt. Der heißeste Sommer seit Beginn der systematischen Aufzeichnung von Wetterdaten kann diesen Titel zudem auch nur für eine begrenzte Klimazone tragen. In anderen Teilen der Welt wich das Klima im selben Zeitraum nicht vom langjährigen Mittel ab. Ein globales Klima gibt es nicht, denn es ist ein künstlicher, mathematischer Wert.

Das Thema Klimawandel wurde in den letzten Jahren in Wechselwirkung zwischen Medien und Fachleuten hochgeschaukelt. Die Wahrheit ist aber, dass sich das

Klima auf der Erde seit deren Entstehung vor rund 4,6 Milliarden Jahren fortwährend geändert hat. Bis zum geschätzten Exitus unseres Planeten in rund acht Milliarden Jahren wird es vermutlich auch so bleiben. Nur auf einem "toten" Planeten wandelt sich das Klima nicht mehr. Wer mit Intention oder Unwissenheit Angst vor einem Klimawandel schürt, betreibt damit keine Aufklärung. Der natürliche Klimawandel umfasst Phasen, in denen die Pole nicht vereist sind und Eiszeitalter, in denen die Pole und höheren Berge vereist bzw. vergletschert sind. Trotz derzeit steigender Temperaturen befinden wir uns in einer Warmphase während eines Eiszeitalters. Gewaltige Klimaveränderungen gab es schon sehr lange bevor Menschen die Erde besiedelten. Dadurch wird deutlich, dass der Mensch nicht ausschlaggebend der Verursacher von Eiszeiten und Warmzeiten war und ist. Der Einfluss des Menschen auf das Klima wird derzeit weit überschätzt. Das Wort Klimawandel wurde zunehmend durch den Begriff "Klimakatastrophe" ersetzt. Ein Doppelmord ist eben spannender als ein "einfacher Mord" und lässt sich besser verkaufen. Durch 25jährige Arbeit als Journalist konnte ich, beispielsweise während meiner Arbeit für eine Nachrichtenagentur, auch mitverfolgen, wie schließlich Meldungen "rund" gemacht werden, damit sie sich "besser verkaufen lassen". Tatsächlich hat sich das Thema "Klimakatastrophe" als permanentes Medienereignis etabliert. Leider springen auch immer mehr Wissenschaftler auf den spektakulären Klimakatastrophen-Zug, weil auf diese Weise die staatlichen und internationalen Förder- und Forschungsgelder sprudeln. Für Forscher und Institute die gegen den Mainstream schwimmen, droht Ebbe in der Kasse. Verständlich, denn für die von Medien in die Öffentlichkeit getragenen Politiker und andere von medialer Multiplikation abhängige Personen ist es unvermeidbar, sich im Interesse aller Bürger im Kampf gegen die immer wieder thematisierte, drohende Klimakatastrophe einzusetzen. In einem an einen drohenden Weltuntergang erinnernden Szenario fließen daher reichlich Steuergelder für ein prima Klima. Die Verquickung zwischen Medien und Wissenschaftlern gebar konsequenterweise auch einen Medienstar am Himmel der Öffentlichkeit. Prof. Dr. Mojib Latif pilgert von Sender zu Sender, von Termin zu Termin. Es entsteht so eventuell der Eindruck, dass Herr Latif der "Klimapapst" und möglicherweise der kompetenteste deutsche Klimatologe ist.

Vielleicht ist er jedoch der Klimatologe, der sich scheinbar die meiste Zeit für die Medien nimmt.

Dieses Buch soll den Vorhang der Bühne lüften, auf der das kontroverse Spektakel aufgeführt wird. Ein Blick hinter die Kulissen lässt erkennen, worum es beim Klimawandel wirklich geht, wer in dem globalen Bühnenstück welche Interessen hat und wer seinen Nutzen aus der Katastrophenstimmung ziehen kann. Klimawandel aus der Backstage-Sicht.

Klima - Was ist das ?

Definitionen wirken aufgrund ihrer puren Sachlichkeit meist ein wenig "trocken". Zur Navigation in unserem Thema sind sie als erste Meilensteine eine kleine Hilfe. Der Meteorologe Jörg Kachelmann sagte am 8. April 2007 in einem Interview mit der Berliner Tageszeitung 'Tagesspiegel', seine Oma habe viele Jahre in der Hoepnerstraße 171 in Berlin gewohnt. Die Älteren in der Straße hätten gern mit einem Kissen unter den Armen aus dem Fenster geschaut. Wenn diese Menschen das über 30 Jahre täten, dann erlebten sie Klima. Wer nur mal kurz aus dem Fenster gucke, erlebe Wetter. Wenn jemand eine Woche aus dem Fenster hänge, erlebe er Witterung.
Das griechisch-lateinische Wort Klima bedeutet übersetzt "Neigung zum Äquator". Damit ist dokumentiert, dass schon in der antiken Hochkultur den seefahrenden Griechen bekannt war, dass es eine Relation zwischen dem Winkel eines Ortes zum Äquator und dem Winkel der Sonne zu einem Standort gibt. Die Sonne, aber auch die Sterne in der Nacht dienten der Navigation. Den Griechen war durch ihre teils weiten Seereisen auch bekannt, dass es an weit entfernten

Orten andere Wetter und Klimaverhältnisse gab. Sie konnten diese mittels ihrer Navigationskenntnisse auch verorten.

Eine "moderne" Definition lautet: "Das Klima ist der mittlere Zustand der Atmosphäre in einem geografisch und zeitlich festgelegten Rahmen".

Geografisch ist die Aufteilung in Klimazonen üblich:

- Tropische Regenklimate
- Trockene Klimate
- Warmgemäßigte Klimate
- Boreale Klimate
- Kalte Klimate

Weitere Differenzierungen finden durch die Klimatypen und die Aufteilung in das Mikroklima, Mesoklima und Makroklima statt. Das Mikroklima ist für den Raum von wenigen Metern bis hin zu einigen Kilometern definiert. Das Mesoklima umfasst Räume von mehreren hundert Metern bis hin zu ein paar hundert Kilometern. Das Makroklima, auch Großklima genannt, beinhaltet großskalige Effekte von über 500 Kilometern.

Was ist das IPCC ?

Die Schaltstelle, ja quasi das Zentrum der internationalen organisierten Macht gegen die Klimakatastrophe, hat ihren Sitz im schönen Genf. Das IPCC (Intergovernmental Panel on Climate Change) ist quasi das

geistige Mekka im Kampf gegen den Klimawandel. Wie der Name schon besagt, ist das IPCC in erster Linie nichts anderes, als eine zwischenstaatliche Sachverständigengruppe zum Klimawandel. Das IPCC forscht nicht selbst, sondern trägt Forschungsergebnisse zusammen, um sie zu beurteilen und einen Sachstandbericht zu erstellen. Kritiker werfen dem IPCC vor, es würde die Einflüsse der Menschen auf das Klima weit überschätzen. Manches deutet darauf hin. Haben die Wechselwirkungen zwischen Medien, Wissenschaftlern und Politikern eine Eigendynamik entfesselt? Ist diese nicht mehr völlig von Objektivität, Gültigkeit und Zuverlässigkeit in der Forschung und im Umgang mit der Wahrheit geprägt?
Dient auch das IPCC verschiedenen Interessen?
Die Frankfurter Allgemeine Zeitung (F.A.Z.) wirft dem ICPP unter anderem eine chaotische Umwelt- und Förderpolitik vor. Der F.A.Z.-Redakteur Christian Bartsch warnt, es drohe sogar eine weltumspannende Klimadiktatur.

Die Kritik am ICPP wächst. Mittlerweile hat sich auch der Altkanzler Helmut Schmidt sehr deutlich über das IPCC zu Worte gemeldet: "Dieser Weltklimarat hat sich selbst erfunden, den hat niemand eingesetzt. Die Bezeichnung Weltklimarat ist eine schwere Übertreibung. Diese ganze Debatte ist hysterisch, überhitzt, auch und vor allem durch die Medien. Klimatischen

Wechsel hat es auf dieser Erde immer gegeben, seit es sie gibt" (F.A.Z. 24.07.04).

Zeitreisen - Gewinnung von Klimadaten

Die genauesten Klimainformationen gibt es flächendeckend seit 1850, dem Beginn der systematischen Aufzeichnng der Wetterdaten. Zuvor gaben Daten von extremen Wetterereignissen, beispielsweise von Sturmfluten, aber auch Bildinformationen auf den Gemälden von Malern Auskunft über das Wetter zu der Zeit. Auch Kirchen- und Familienchroniken enthalten zum Teil Wetter- bzw. Klimainformationen. Die Genauigkeit solcher Daten ist schon verhältnismäßig hoch. Genaue Klimainformationen verdankt die Klimaforschung der Dendroklimatologie. Damit sind die Auswertungen der Baumringjahresbreiten gemeint. Noch weit reichendere und recht zuverlässige Daten stammen aus Bohrungen im Eis der beiden Pole. Dabei wird die Sauerstoff-Isotopen-Methode angewandt. Meeressedimente aus der Tiefsee erlauben sogar die Ermittlung von Klimadaten, die beinahe bis zu 100 Millionen Jahre zurück reichen. Die Art der gewonnenen Daten reicht zum Beispiel von der Zusammensetzung der Atmosphäre bis hin zu Vergletscherungsinformationen. Trotzdem beinhalten die Forschungsergebnisse keine absolute Zuverlässigkeit. Es handelt sich vielmehr um ein Gebilde aus Hypothesen, Berechnungen und meist nach bestem Wissen und Gewissen aufgestellten Ergebnissen. Eine besondere Methode, die Variabilität des Klimas zu messen, wird in Heidelberg angewandt. Seit vielen Jahren untersucht dort die Paläoklimatologie die natürlichen Klimaveränderungen mittels Stalagmiten festzustellen. Stalagmiten eignen sich besonders, weil sie sehr genau datiert werden können. Durch sie erschlüsseln die Forscher unter Leitung von Augusto Mangini die isotopische Zusammensetzung, aus welcher die durchschnittliche Temperatur herausgelesen wird. Das IPCC ermittelt die Daten für diesen Zeitraum aus der Analyse von Jahresbaumringen.

Klimageschichte - Die Entstehung des Lebens durch den Klimawandel

"Am Anfang schuf Gott Himmel und Erde. Und die Erde war wüst und leer." Nicht gerade anheimelnd, was als erster Satz im 1. Buch Mose des alten Testaments über den Start des Daseinszyklus der Erde steht. Verblüffend ist aber, wie genau die Vorstellungen der Autoren des alten Testaments mit dem Stand der heutigen Wissenschaft übereinstimmen. Zuvor hatte sich der Planet Erde aus Sternenstaub und heißen Gasen gebildet. Nach der "Geburt" unseres Planeten vor 4,6 Milliarden Jahren (Präkambrium) war die

Erde öd, denn sie hatte zu der Zeit vermutlich eine Oberflächentemperatur von 180 Grad Celsius. Erst 500 bis 600 Millionen Jahre später war die Temperatur auf unter 100 Grad gesunken. Wasser war bis zu der Zeit aufgrund der hohen Temperatur nur als Gas (Wasserdampf) vorhanden. Irgendwann war der Planet so weit abgekühlt, dass der Wasserdampf kondensierte und als Flüssigkeit, nämlich Wasser, auf die Erde gelangte. Das geschah durch den längsten Dauerregen der Welt. Es regnete 40.000 Jahre, schätzen Fachleute. So entstanden die Ozeane und Meere. Ein Glück für Noah, dass die Sintflut erst viel später kam und weitaus weniger Zeit in Anspruch nahm. Der Kreislauf des Wassers hatte begonnen. Mit dem Wasser kam das Leben auf die Erde. Cyanobakterien erzeugten durch Photosynthese vor zirka 2,6 Milliarden Jahren erst langsam und später zunehmend intensiver Sauerstoff. Pflanzen forcierten diese Entwicklung entscheidend. Auch wurde ein großer Teil des Kohlendioxid (CO_2) im Wasser gebunden, was auch heute noch in großem Maße der Fall ist. Die damalige, so genannte Uratmosphäre, bestehend aus den Entgasungsprodukten des Erdmantels bestand vorwiegend aus Wasserdampf, Kohlendioxid und Schwefelverbindungen, sowie aus Stickstoff, Wasserstoff, Methan, Ammoniak und in geringen Mengen Argon. Mit dem Beginn des Lebens auf der Erde begann sich vor über drei Milliarden Jahren auch die Atmosphäre

40.000 Jahre hatte es geregnet. Danach gab es Regenbogen.

Durch den Regen bildeten sich die Ozeane und Meere.

zu verändern.

Die heutige Zusammensetzung der Atmosphäre besteht aus 75,5% Stickstoff, 23,1% Sauerstoff und 1,4% Spurengase, unter anderen auch CO_2. Die Wandlung der Atmosphäre, vor allem durch die Pflanzen, bewirkte schließlich, dass irgendwann auch Tiere auf der Welt leben konnten, die zu ihrer Existenz Sauerstoff benötigen. Dieser Vorgang ist wichtig für das Verständnis des Klimas und auch des Wetters, weil es eine Wechselwirkung der Biosphäre mit der Atmos- und Hydrosphäre gibt, die fortwährend hohe Anforderungen an die Anpassungsfähigkeiten der Lebewesen stellt. Seit Milliarden von Jahren versucht sich das Leben auf dem Planeten Erde trotz mehrfachem vernichtenden Massensterben zu halten und erhalten. Ich denke, es geschieht aus der Sucht des Lebens nach sich selbst.

Je mehr genetisch gespeicherte Überlebens-Fähigkeiten und Variabilitätsvermögen die Gene von Lebewesen aufweisen, desto besser können sie sich an Änderungen der Lebensbedingungen erfolgreich anpassen. Sie werden vom Leben mit dem Erhalt ihrer Art belohnt. Auch wenn in der Geschichte des Lebens auf der Erde schon mehrmals das Licht ausging, beispielsweise durch vernichtende Asteroiden-Einschläge, haben wir Lebewesen auf unserem Planeten den Lichtschalter immer wieder gefunden und das Licht wieder eingeschaltet.

Eiszeitalter - Noch mehr Abwechslung

Noch in der Frühzeit der Erdgeschichte, vor rund 2,3 Milliarden Jahren, begann das erste Eiszeitalter. Die Folge war eine globale Vereisung. Zwar hatte die Sonne damals eine Leuchtkraft von nur 70 Prozent des heutigen Wertes, doch aufgrund des Treibhauseffektes, der primär durch die Ausgasungen intensiver Vulkantätigkeit entstand, scheidet die Sonne als Ursache für den Beginn des Eiszeitalters aus.

Es wird in der Wissenschaft eine Hypothese diskutiert, die einen atmosphärischen Treibhauseffekt als Ursache für die hohen Temperaturen vor 2,3 Milliarden Jahren vermutet. Dieser sei durch Methan verursacht worden. Das erklärt zwar, dass es auf der hochtemperierten Erde zu der Zeit eigentlich kein Eiszeitzeitalter hätte geben können, aber nicht, warum es trotzdem so kalt wurde.
Das erste Eiszeitalter dauerte etwa 300 Millionen Jahre. Erst etwa eine Milliarde Jahre später begann das zweite Eiszeitalter. Es bedeckte nur den Nordpol mit Eis. Nach der darauf folgenden Warmzeit, die rund 750 Millionen Jahre währte, traten relativ kurz nacheinander zwei Eiszeitalter auf die Bühne, die beide Pole vereisten. Es folgten weitere Eiszeitalter. Der nicht rhythmische Wechsel von Eiszeitaltern mit Warmzeitaltern setzte sich bis heute fort. Vor etwa 2,5

Millionen Jahren begann das Eiszeitalter, in dem wir uns derzeit befinden. In den letzten 1,5 Milliarden Jahren kam es zu großen Temperaturschwankungen. Forschungsergebnisse verifizierten, dass diese Schwankungen in Zyklen von rund 100.000 Jahren auftreten. Ist die Schwankungsfrequenz auf einem insgesamt niedrigen Temperaturniveau gering, wird dieses als Eiszeit bezeichnet. Eine geringe Frequenz bei höheren Temperaturen wird Warmzeit genannt. Bezogen auf die letzten 100 Millionen Jahre ist es durch das derzeitige Eiszeitalter kalt, fokussiert auf die letzten 12.000 Jahre ist es aber relativ warm, denn wir befinden uns seit rund 11.000 Jahren in einer Warmzeit des jetzigen Eiszeitalters. Diese Warmzeit begann mit dem Ende der vor 70.000 Jahren begonnenen Weichsel-Würm-Eiszeit. Der moderne Mensch hat die letzte Eiszeit und die bis heute dauernde Warmzeit erlebt. Das normale Klima der Erde hat er jedoch nie kennengelernt. Es war während der weitaus längsten Zeit der vergangenen 4,5 Milliarden Jahre für Menschen entweder zu heiß und trocken, zu heiß und schwül, oder im wahrsten Sinne des Wortes eisig kalt. Nur die sieben bisherigen Eiszeitalter, die durchschnittlich jeweils 50 Millionen Jahren dauerten, ließen den Planeten wirtlich werden. Das derzeitige Eiszeitalter ermöglichte so den Auftritt des Menschen und vieler anderer Tiere und Pflanzen. Bis zum heutigen Tag gibt es keine sichere Erkenntnis darüber, wie und warum Eiszeitalter auftreten.

Der Forschungsstand beinhaltet jedoch viele Ergebnisse aus der Erforschung der Klimageschichte, aus denen in Zusammenarbeit mit anderen wissenschaftlichen Disziplinen Systematiken, synergetische und wechselwirksame Funktionen im Klimabereich verifiziert werden konnten. Es gibt zwei grundsätzliche Energiequellen, die letztlich auf das Klima und damit das Auftreten von Eiszeitaltern einwirken, nämlich die Sonne und das glühende, magmatisch-flüssige Innere der Erde mit seinen Eruptionen und Ausgasungen. Ohne die Sonneneinwirkung würde die Erde nach kurzer Zeit in einen kalten, toten Planeten verwandelt. Ohne das Ausatmen der Vulkane gäbe es lebenswichtige Gase und auch die oft unterschätzte Wärme von unten nicht. Vulkane beeinflussen das Klima kurzfristig auch direkt, wenn sie bei einem Ausbruch feine Staubteile in höhere Bereiche der Atmosphäre befördern. In den Folgejahren werden die Sonnenauf- und untergänge nicht nur von einer intensiven Rötung begleitet, sondern der Vulkanstaub reflektiert auch Sonnenenergie, wodurch es meist 2 bis 3 Jahre global etwas kühler wird. Astronomische Einflüsse, beispielsweise die Veränderung der Neigung der Erdachse zur Sonne werden auch als klimawirksame Faktoren diskutiert.

Einen glücklicherweise sehr seltenen, aber katastrophalen, Einfluss auf unser Klima stellen zudem große

Vor zirka 2,3 Milliarden Jahren begann das erste Eiszeitalter.

Vulkanausbrüche senken zeitweise dieTemperatur .

Asteroiden dar, die auf die Erde stürzen und das Klima danach verändern und sogar kippen können. Sowohl Vulkane, als auch Asteroiden sind jedoch nicht die primäre Ursache für die Entstehung der Eiszeitalter.

Eiszeitalter umfassen Kaltzeiten (Eiszeiten / Glaciale) und Warmzeiten (Zwischeneiszeiten / Interglaciale). Zurzeit erleben wir eine Zwischeneiszeit, also eine warme Phase in einem Eiszeitalter, das vor zirka 2,7 Millionen Jahren begann. Während eines Eiszeitalters sind beide Pole, mindestens aber ein Pol, vereist. Während des derzeitigen Eiszeitalters gab es bisher sechs Eiszeiten, die im Alpenraum und in Norddeutschland unterschiedliche Namen hatten.

Die letzte Eiszeit begann vor 115.000 Jahren und endete vor rund 10.000 Jahren. Sie wurde in Norddeutschland Weichsel-Eiszeit und im Alpenraum Würm-Eiszeit benannt.

Das große Klimaflattern

Warmzeiten und Kaltzeiten sind keine kontinuierlichen gleichförmigen Prozesse. Im Gegenteil. Die Menschheit musste sich mit dem Beginn der Warmzeit vor rund 11.000 Jahren daran anpassen, dass der Meeresspiegel dramatisch stieg. Die Werte werden in der Literatur in einer Spannweite von 100 bis 130

Metern angegeben. Das Wasser war zuvor in einer dicken Eisschicht gebunden. Als Schmelzwasser verursachte es den Anstieg des Meeresspiegels. Dadurch veränderten sich der Küstenverlauf und die Landschaften auf der Erde. Ein großer Teil der Menschen siedelte während des Zeitraums in vor dem Wasser geschützten Gebieten um und passte sich somit der neuen Küstenlinie an. Das war für den damals schon lebenden, modernen Menschen aufgrund seiner Anpassungsfähigkeit ein lösbares Problem. Dieser Prozess vollzog sich nicht von einem Tag auf den anderen. Die Warmzeit war von Klimaeinbrüchen begleitet, die Jahrzehnte und teils Jahrhunderte währten. Dieses Klimaflattern ist bis heute nicht abschließend erklärbar, auch wenn es dazu manche Hypothese gibt. Manchmal hatte das Klimaflattern seinen Namen besonders verdient. Eisbohrungen in Grönland aus den 60er und 70er Jahren des 20. Jahrhunderts ergaben sehr plötzliche Klimaveränderungen. Während der letzten Eiszeit, die vor rund 11.000 Jahren zu Ende ging, hat das Klima fast zwei Dutzend Mal innerhalb von wenigen Jahren eine dramatische Erwärmung erfahren. Die Temperatur stieg jeweils um cirka zehn Grad Celsius und sank dann langsam wieder. Die Ursache für solche sprunghaften Klimaveränderungen, die es gleichfalls in Form einer erheblichen, plötzlichen Abkühlung gibt, ist bis heute unbekannt. Es ist möglich, dass es einen Zusammenhang mit der

Vor 11.000 Jahren war die Eiszeit zuende. Es taute soviel Eis, dass der Meeresspiegel um rund 120 Meter anstieg.

Der Erntedankfest-Wagen symbolisiert auch den Dank für ein warmes Klima. Bis in das 20. Jahrhundert hinein starben Menschen an Hunger und Schwäche in kalten Klimaphasen.

ozeanischen Zirkulation im Atlantik gibt, die durch periodische Schwankungen der Sonnenaktivität entsteht. Regelmäßigkeiten treten zum Beispiel durch die Sonnenfleckentätigkeit auf, die in einem Rhythmus von elf Jahren die Intensität wechselt. Ohne dieses Klimaflattern hätte es niemals das große Römische Reich gegeben.

Die Römer hatten bei ihren Eroberungs- und Unterwerfungsfeldzügen im Gegensatz zu Napoleon Bonaparte und dem Diktator Adolf Hitler nicht mit der Kälte zu kämpfen. Im Gegenteil. In der Zeit von rund 300 v. Chr. bis 300 n. Chr. gab es das so genannte Römerzeitliche Klimaoptimum. Die Jahresmitteltemperatur in Europa war zu der Zeit 1 bis 2 Grad Celsius höher als heute. Das bedeutete, dass die Alpenpässe meist auch im Winter benutzt werden konnten, was Hannibal im Jahr 217 v. Chr. mit 38.000 Mann Fußtruppen, 8.000 Reitern und 40 Elefanten die Ligurischen Alpen passieren ließ. Schließlich konnten die aus dem sonnigen Süden kommenden Römer sogar Britannien erobern. Auf dem Gebiet des heutigen Territoriums Deutschlands begann zu der Zeit der großflächige Anbau von Wein, mit dem sich die römischen Besatzer das Leben ein wenig angenehmer gestalteten. Ohne das Klimaoptimum hätten römische Legionäre mit ihrer an wärmere Verhältnisse angepassten Bekleidung kaum je so weit in nördliche, kalte Gefilde vordringen können. Dem Klimaoptimum folgte in der

Klimaoptimum - Die Alpen waren auch im Winter passierbar.

Klimaoptimum - starkes Pflanzenwachstum - dichte Wälder.

Zeit des dritten bis sechsten Jahrhunderts nach Christus ein Klimapessimum. Es wurde kälter in Mitteleuropa. Die Gletscher in den Alpen wuchsen. Die Lebensbedingungen im Norden wurden derart schlecht während die Temperaturen weiter sanken, dass es zu einer im wahrsten Sinne des Wortes Wanderung ganzer Völker in Richtung des warmen Südens kam. Die Völkerwanderung erfolgte vermutlich nicht aus purer Eroberungslust und der Gier auf Schätze, sondern weil die Menschen im Norden hungerten und viele auch an durch Nahrungsmangel bedingte Krankheiten starben. Die Wechselwirkung zwischen Mensch und Klima, die zugleich verdeutlicht, dass Menschen als biologische Art den Naturgesetzen und damit absolut auch dem Klima unterworfen sind, begünstigte die Menschen im mittelalterlichen Wärmeoptimum von etwa 1000 bis 1220 n. Chr. erneut. Wieder war es ein Anstieg der mittleren Temperaturen im Vergleich zu heute um 1,5 bis 2 Grad Celsius. Begünstigt durch die besseren Lebensverhältnisse kam es in dem Zeitraum zu einer Erhöhung der menschlichen Population. Folglich wurden vermehrt Städte gegründet und der Ackerbau aufgrund des wachsenden Nahrungsbedarfs ausgeweitet. Wälder wurden gerodet und die Viehzucht verstärkt. Ein neuzeitliches Klimapessimum war die Zeit cirka 1540 bis 1850 n. Chr. Diese Zeit wird auch häufig als "kleine Eiszeit" bezeichnet. Eine Zeit, in der niederländische Maler viele Bilder von schlittschuhlaufenden Menschen malten. Tatsächlich war es in der Zeit meist deutlich kälter als heute. Große Schneemengen traten aber kaum auf. Idyllisch war die Kälte trotz der schönen Bilder für die meisten Menschen nicht. Wie schon in vorangegangenen Klimapessima starben viele Menschen an Hunger oder an durch Mangelernährung ausgelöste Krankheiten. Auf der Suche nach einer Überlebenschance und neuen sicheren Existenz wanderten in der kleinen Eiszeit viele Europäer nach Amerika aus. Wie intensiv die Landwirtschaft damals leiden musste, lässt sich daran erkennen, dass in der kleinen Eiszeit der Boden teils bis in den Juni hinein gefroren war. Ab 1850 wurde es wärmer.

Es begann allmählich der Weg hin zu einem neuen Klimaoptimum. Die Annahme, dass die Entstehung und auch das Ende der kleinen Eiszeit durch menschliches Handeln und die Industrialisierung ausgelöst wurden, trifft nicht zu. Auch findet zwar seitdem eine statistisch erfassbare, latente Erwärmung statt, die aber durch zum Teil extreme Abweichungen mitbestimmt wird. Ein Beispiel dafür ist die Schneekatastrophe in Norddeutschland im Winter 1978/79, die auch durch lang anhaltenden starken Frost begleitet wurde. Besonders extrem stellte sich der Winter 1928/29 dar. Die Nordseeinsel Borkum war zu dem Zeitpunkt zu Fuß und auch mit dem Pferdewagen vom Festland aus erreichbar. Ein großer Teil der Nordsee war zugefroren und auch auf der Themse gab es Eisgang. Die Ostsee war völlig zugefroren. In Polen wurden Temperaturen von -40 Grad Celsius und in Deutschland Temperaturen von -30 Grad Celsius dauerhaft gemessen.

Wann wir den Höhepunkt des Klimaoptimums erreichen werden, ist nicht bekannt, wohl aber, dass es danach wieder ein Klimapessimum geben wird.Zu den großen Energien, die das Klima dieser Welt steuern, gesellte sich in den letzten Jahrzehnten der Einfluss menschlich verursachter Emissionen.

Als besonders intensiv gilt die Klimabeeinflussung des so genannten Treibhausgases Kohlendioxid. Diesem farb-und geruchlosen Gas, das nur zu 0,0381% ein natürlicher Bestandteil der Luft ist, wird der primäre Temperaturanstieg angelastet.

Klimawandel durch Kohlendioxid ?

Ein großer Teil des Kohlenstoffs befindet sich als Kohlendioxid (CO_2) in der Luft. Diese Gase verursachen auf natürliche Weise, dass sich die Erde erwärmt. Der Grund dafür ist, dass die auf die Erde treffende Wärmeenergie der Sonne nur zum Teil in den Weltraum reflektiert wird und somit die Erde und die Atmosphäre latent einen Teil dieser Energie aufnehmen. Dieser so genannte Treibhauseffekt wird vornehmlich durch Wasserdampf (Wolken), aber auch durch Spurengase wie beispielsweise CO_2 verursacht. In den letzten Jahren soll durch einen von Menschen verursachten Anstieg des CO_2 eine Erhöhung der globalen Temperatur und damit der Beginn eines Klimawandels eingetreten sein.

20 mal stärker als Kohlendioxid wirkt Methan als Treibhausgas. Bereits im Jahr 1987 veröffentlichte der Verlag Gruner und Jahr AG und Co. in seinem GEO-Spezialheft „Klima Wetter Mensch", dass eine Kuh täglich bis zu 120 Litern Methan in die Luft emittiert und Experten die Menge des Methans, welches jährlich in die Luft geht, auf über 500 Millionen Tonnen schätzen. Kohlendioxid ist also (glücklicherweise) nicht das einzige Treibhausgas, das uns unser Klima erträglich macht.

Bemerkenswert sind in diesem Zusammenhang auch die Forschungsergebnisse des Biologen Ernst Beck. Auf der Basis von mehr als 90.000 präzisen Messwerten konnte verifiziert werden, dass es in den letzten 200 Jahren bereits dreimal höhere CO_2-Konzentrationen gab, als im Jahr 2007. Das war in den Jahren 1825, 1857 und 1942 der Fall. Ein großer Teil des CO_2 löst sich in Wasser. Bei 20 Grad Celsius vermag es 0,5 Gramm CO_2 pro Kubikmeter aufzunehmen und bei 0 Grad Celsius ein Gramm. Die Temperatur des Wassers bestimmt also, wie viel CO_2 sich in ihm lösen kann, nämlich je wärmer es ist, desto weniger

Pflanzen generieren durch Photosynthese aus CO2 Sauerstoff. Je mehr CO2 vorhanden ist, desto bessere Populationsvoraussetzungen haben Pflanzen und desto mehr CO2 bauen sie weltweit ab.

Den mit weitem Abstand größten Treibhauseffekt erzeugt das Gas Wasserdampf (Wolken).

CO2 kann es aufnehmen und logischerweise je kälter das Wasser ist, desto mehr nimmt es auf. Seit dem es Meere und Ozeane gibt, speichern diese Kohlendioxid. Den weitaus größten Teil des in der Luft erhaltenen CO2 „vernaschen" alle Pflanzen dieser Welt gemeinsam. Mittels der Photosynthese erzeugen sie dadurch frischen Sauerstoff. Ohne diesen Prozess wäre das Leben in seiner heutigen Form auf der Erde völlig unmöglich.

Oft wird CO2 fälschlicherweise als das mit weitem Abstand größte Treibhausgas bezeichnet. Es stimmt zwar, dass CO2 als Treibhausgas wirkt, aber die weitaus größte Treibhauswirkung wird durch den Wasserdampf (Wolken) verursacht. Die Wolken in Form des Wasserdampfes rufen den für uns Menschen und das Leben insgesamt gesunden Effekt der Treibhausatmosphäre hervor. Ohne den natürlichen Treibhauseffekt würde die mittlere Temperatur auf der Erde auf -18 Grad Celsius sinken. Damit wäre das Ende der jetzigen Biosphäre nachhaltig besiegelt. Kohlendioxid kommt natürlicherweise mit 0,0381 Prozent in der Atmosphäre vor. Es ist ein Spurengas, das trotz seines geringen Anteils eine Wirkung auf das natürliche Treibhausklima hat. Dass die CO2-Anreicherung der Atmosphäre durch den Menschen Auswirkungen hat, ist unbestritten und nachweisbar. Die Frage ist jedoch, welchen Anteil das Gas am Klimawandel tatsächlich hat. Dabei stellt sich insbesondere auch die Frage, wie intensiv der Abbau von CO2 durch die riesige Pflanzenwelt stattfindet.

Interessant ist, dass das IPCC im Fall einer Verdopplung der durch Menschen verursachten CO2-Emissionen einen Temperaturanstieg bis zum Ende des Jahrhunderts von 0,7 Grad Celsius vorhersagt. Das ist eher beruhigend, statt katastrophal. Die Zahlen, welche von allen Seiten und Kontrahenten genannt werden, wenn es um den Anstieg der mittleren Temperatur auf der Erde und die Emissionsmengen an CO2 geht, sind nicht nur widersprüchlich, sondern auch zum Teil abenteuerlich. Die Prognose aufgrund der Datenlage für einen sicheren Vorausgriff von 100 Jahren, die neben der Klimaentwicklung auch das Steigen des Meeresspiegels vorhersagt, kann in der Summe nicht mehr als seriös bezeichnet werden. Das Max-Planck-Institut für Meteorologie sagt einen Anstieg des Meeresspiegels bis Ende des Jahrhunderts um 20 bis 30 Zentimeter voraus. Hinzu kämen „etwa 15 Zentimeter durch die Schmelze von Grönländischem Eis, während verstärkter Schneefall in der Antarktis den Meeresspiegel um fünf Zentimeter absenkt". Das von Menschen emissionierte CO2 hatte, hat und wird einen Einfluss auf die Entwicklungen haben. Ich denke, dass dieser im Vergleich mit den Einflüssen der Sonne und der Vulkane bescheiden ausfällt. Damit weise ich gleichzeitig sachlich darauf hin, dass es nachweislich auf diesem Planeten sehr große Schwankungen des CO2-Gehaltes gab, ohne dass Menschen darauf Einfluss nehmen konnten. Der Homo sapiens sapiens trat erdgeschichtlich erst vor zwei Minuten auf die Bühne des Lebens, wenn man einen Tag von 24 Stunden als Vergleichswert annimmt. Dabei sind die Vorläufer des modernen Menschen bereits mit eingerechnet. Die gigantischen Klimaänderungen während der letzten 4,6 Milliarden Jahre fanden ohne den Menschen statt. Noch viel wichtiger ist, dass die mittlere Temperatur auf der Erde und der CO2-Gehalt in der Atmosphäre erdgeschichtlich nicht miteinander korrelieren. Eine entsprechende, zweifelsfreie Wechselwirkung zwischen dem CO2-Gehalt und der Temperatur in der Erdatmosphäre konnte bisher nicht durch Daten belegt werden. Da menschliche Emissionen die erdgeschichtlichen Temperaturschwankungen, aber auch die Schwankungen der Mengen natürlicher Gase und des Wasserdampfes nicht beeinflusst haben konnten, steht fest, dass die wahrhaft großen Kohlendioxid-Schwankungen in der Erd-Historie der Atmosphäre noch unbekannten Mechanismen zu verdanken sind. Der CO2-Gehalt vergangener Zeiten konnte zum Teil gemessen werden, aber die planetarischen und astronomischen Spielregeln nach denen sich der Kohlendioxid-Gehalt veränderte, sind nicht sicher bekannt und erforscht Die Heidelberger Klimawissenschaftler um Augusto Mangini, die wie bereits zuvor beschrieben, das Klimageschehen der Vergangenheit erfolgreich anhand von Stalagmiten erforschen, vertreten eine völlig andere Position als der Weltklimarat. „Ich halte den Teil des IPCC-Berichts, den ich als Experte wirklich beurteilen kann, nämlich die Rekonstruktion des Paläoklimas für falsch. Das lässt sich an einigen der bedeutendsten historischen Entwicklungen, etwa am Aufstieg und Untergang Trojas, leicht nachvollziehen", äußerte der Wissenschaftler gegenüber der F.A.Z. vom 05. April 2007, Nr. 81. Die Behauptung, dass die jetzt stattfindende Erwärmung des Klimas nur mit der Erwärmung vor 120.000 Jahren vergleichbar ist, stimme einfach nicht. Es lägen Daten vor die zeigen, dass während der letzten 10.000 Jahre Phasen auftraten, welche ähnlich warm oder sogar deutlich wärmer waren als heute, erläuterte Mangini.

Die eruptive und strahlende Wahrheit

Bis zu dieser Stelle in diesem Buch stand das Geschehen auf der Erde verantwortlich für den Klimawandel. Wir Menschen neigen dazu das, was um uns herum ist und direkte und unmittelbare Auswirkungen auf uns haben kann, durch schnelle einfache Beobachtungen und daraus resultierenden Handlungen zu verarbeiten. Darum erklärten sich die Menschen bis vor gar nicht so langer Zeit, dass die Erde eine Scheibe sein müsse und dass die Sonne sich um die Erde drehe, was sich dem Beobachter scheinbar logisch erschloss. Ebenso ist es im Hinblick auf das Thema Klimawandel. Wir Menschen beschäftigen uns verständlicherweise mit dem, was auf der Erde und in der Atmosphäre und im Wasser passiert. Trotz aller Ehrfurcht vor den Gewalten der Natur haben wir jedoch die beiden wichtigsten Kräfte und ihre unmittelbaren Auswirkungen auf die Atmosphäre, Biosphäre, Hydrosphäre und alles andere auf dieser Erde sträflich, ja beinahe arrogant vernachlässigt. Ohne die ungeheuren Energien der Sonne würde die Erde schon nach wenigen Tagen völlig erkaltet sein und aus dieser Situation heraus sehr bald zu einem toten Planeten werden. Allenfalls ein paar anerobe Bakterien in den Tiefen der Erde würden noch eine längere Zeit überleben.

Doch es gibt eine zweite gigantische Kraft. Energie in ungeheurer Menge in Form von ungebändigtem Magma und einem glühenden Kern im Zentrum unseres Planeten. Wir sitzen nicht auf einem Vulkan, sondern weitaus dramatischer, befinden wie uns auf der verhältnismäßig sehr dünnen Oberfläche der Erde, unter welcher höllische Glut und heiße, flüssige Materie brodeln. Die Erdkruste ist so dünn, dass sie der Eierschale eines weich gekochten Eis gleicht. Den heißen Kern des weich gekochten Eis spürt man schnell, wenn man die Schale anfasst. Der Unterschied zwischen einem Ei und der Erde mit ihrem flüssigen Kern ist, dass die Erde noch rund acht Milliarden Jahre existieren wird, bevor die sich ausdeh-

nende Sonne das Ei zum Frühstück verspeist. Die
Energie der Sonne und des heißen, glühenden Erd-
kerns bestimmen das Klima unserer Welt. Schwankungen in und auf der Sonne bewirken immer in der
Folge auch Variationen in der Bestrahlung der Erde.
An dieser Stelle sei darauf hingewiesen, dass die
Sonne seit über 70 Jahren im Verhältnis sehr große
Sonnenfleckentätigkeiten aufzeigt. So viele Sonnenflecken wie in den vergangenen sieben Jahrzehnten
gab es zuletzt vor 8.000 Jahren, berichten Forscher
vom Max-Planck-Institut für Sonnensystemforschung
in Katlenburg-Lindau um den Wissenschaftler Sami
Solanki. Die Forscher wollen jetzt untersuchen, ob es
Zusammenhänge zwischen Sonnenaktivität und Klima
gibt. Grund dafür ist, dass es während der so genannten Kleinen Eiszeit besonders wenig Sonnenflecken
gab. Auswirkungen auf die Strahlungsbilanz der
Sonne sind zwangsläufig der Fall.
Ein besonders eindrucksvoller Beweis für die Wirkung der Sonne auf ihre Planeten wurde im Jahr 2006
bekannt. Demnach ist auch der Mars von einem Klimawandel betroffen. Seit den 70er Jahren sei die mittlere Temperatur des Planeten um 0,65 Grad Celsius
angestiegen, fanden amerikanische Astronomen heraus. Der Anstieg korreliere mit Veränderungen der
Mars-Oberfläche, die immer wieder von starken
Staubstürmen heimgesucht würden. Die Erwärmung
sei vermutlich auch die Ursache für den Rückgang des

Eises am Südpol des Nachbarplaneten, meinen die
Forscher. Die Energie, die zur Erwärmung des Mars
führte, kann nur durch die Strahlung der Sonne erfolgt
sein, denn der Planet hat keine dichte Atmosphäre wie
die Erde.

Die Wirkung von Vulkanausbrüchen führt nicht nur zu
einer mehrjährigen Abkühlung, inklusive kälterer
Winter. Wie im Fall der Krakatau-Eruption im Jahr
1883 wird durch die Beförderung von Vulkanstaub in
große Höhen die mittlere Temperatur der Atmosphäre
niedriger. Amerikanische Forscher vom Lawrence
Livermore National Laboratory im US-Bundesstaat
Kalifornien um Peter Gleckler fanden heraus, dass
ohne die Explosion des Krakatau der Meeresspiegel
heute um einige Zentimeter höher wäre. Die Wissenschaftler untersuchten mit zwölf verschiedenen Kli-
mamodellen den Einfluss von Vulkanausbrüchen auf
die in den Ozeanen gespeicherten Wärmemengen. Die
riesigen Mengen Staubteilchen und Schwefelaerosole,
die durch die Vulkanexplosion in die hohen Bereiche
der Atmosphäre gelangten, reflektierten das Sonnenlicht und kühlten damit die Erdoberfläche ab. Das
Wasser in mittleren Meerestiefen ist noch heute um
einige Hundertstel Grad kälter, als es ohne den Ausbruch des Krakatau wäre. Die Abkühlung war in
tiefere Wasserschichten vorgedrungen.

Die Dimensionen des Klimawandels gehen aus dem
Sachstandbericht des IPCC hervor. Von 1906 bis 2005

ergibt der 100-Jahre-Trend eine Zunahme der Temperatur um 0,74 + - 0,22 Grad Celsius. Elf der zwölf letzten Jahre, von 1995 bis 2006, gehörten zu den zwölf wärmsten Jahren seit 1850. Auch wenn der CO_2-Gehalt der Atmosphäre damals noch nicht direkt gemessen werden konnte, attestiert das IPCC einen CO_2-Anstieg um 25 Prozent ppm (Teile pro Millionen Luftmoleküle) vom Jahr 1750 bis zum Jahr 2005 auf 379 ppm. Auch sei die CO_2-Konzentration derzeit die höchste seit 650.000 Jahren. Die nach Ansicht des IPPC vornehmlich durch Kohlendioxid verursachte Erwärmung soll bei 0,2 Grad Celsius pro Jahrzehnt liegen. Infolge dessen würde durch das Schmelzen von Eis ein Meerspiegelanstieg von 0,18 bis 0,59 Metern möglich sein. In diesem Punkt hat sich das IPCC deutlich nach unten korrigiert, denn im vorherigen Sachstandbericht waren für diese Spanne noch 0,88 Meter veranschlagt worden.

Das Kohlendioxid wird in dem vierten Sachstandbericht als primäre Quelle des Anstiegs der Temperatur genannt. Das vermehrte Pflanzenwachstum und dessen große Reduzierung von CO_2 wurde in dem Bericht nicht berücksichtigt.

Die Zeit eines Klimaoptimums könnte uns mediterrane Bademöglichkeiten in Nord- und Ostsee, Weinanbau auch in nördlichen Gebieten, deutlich geringere Heizkosten und vielleicht einen bis zu 30 Zentimeter höheren Meeresspiegel bescheren. Missernten und erfrorenes Obst und Gemüse gehören dann erst einmal der Vergangeneheit an. Bis zum nächsten Klimapessimum. Ich freue mich darauf. hd

Klimawandel ohne Katastrophe –
Vorsicht vor den Propheten !

Man mag es kaum glauben. Obwohl Klimaforscher wissen, dass die kleine Eiszeit natürliche Ursachen und ein natürliches Ende hatte, wie bisher jedes Klimapessimum, rechnen einige von ihnen den Temperaturanstieg anscheinend ausschließlich der Erhöhung des CO2-Gehaltes an. Denken das IPCC und einige Forscher, dass jemand die Kleine Eiszeit wie mit einem Lichtschalter ausgeschaltet hat und gleichzeitig ab dem Zeitpunkt die Erderwärmung nur noch alleine, oder zu mindestens dominierend durch Kohlendioxid verursacht wird?

Tatsächlich wird es seit Ende des Klimapessimums allmählich wärmer. Ein Prozess, der noch bis zum Erreichen des Höhepunkts des Klimaoptimums fortdauern wird. In dieser Erwärmungsphase kommt es jedoch immer wieder auch spontan zu kälteren Zeitabschnitten. Wir stehen am Beginn eines Klimaoptimums. In rund 150 Jahren, etwa 300 Jahre nach Ende des letzten Klimapessimums, steigt die Wahrscheinlichkeit an, dass es wieder kälter wird. Das ergibt sich aus der Analyse der bisherigen Zyklen. Der Zeitpunkt kann sich allerdings auch um beispielsweise 100 Jahre nach vorne oder nach hinten verschieben. Das nächste Klimapessimum und damit die Kälte kommt aber auf jeden Fall. Wie vor Milliarden, Millionen und Tausenden von Jahren, wird nicht der Mensch die Eiszeiten, Warmzeiten, sowie die Klimaoptima und -pessima einschließlich des dazu gehörigen Eiszeitalters bestimmen oder gar lenken. Seitdem es Menschen gibt, und das ist in der Geschichte des Lebens auf dieser Welt noch nicht lange her, waren sie nur staunende

Zuschauer der Auswirkungen des Klimawandels. Der Mensch hat die gewaltigen Veränderungen der Naturereignisse des Klimawandels erfolgreich überlebt, weil er sich dank seiner Intelligenz anpassen konnte. Der Klimawandel betrifft auch den mächtigen Golfstrom. Das völlige Abschmelzen beider Polkappen und der Gletscher in den Bergen wird vermutlich nicht eintreten. Das zeigt die Erfahrung mit den vorangegangenen Klimaoptima. Es werden Inseln und Küstengebiete, die heute schon knapp über dem Meeresspiegel liegen, überflutet werden. Die Menschheit hat nach der letzten Eiszeit einen Anstieg des Meeresspiegels von rund 120 Metern überlebt, indem sie sich auf höhere Landteile zurückzog. Das war möglich, weil der Anstieg des Meeresspiegels sehr allmählich geschah und nicht plötzlich wie ein Tsunami das Land überflutete. Vielleicht erhöht sich der Meeresspiegel durch den Anstieg der Durchschnittstemperatur in den nächsten 100 Jahren um 40 Zentimeter oder weniger oder mehr. Menschen verfügen mittlerweile über viele technische Möglichkeiten, dass die allmähliche Anpassung der Deichhöhen unproblematisch ist. Wie nach dem Ende der letzten Eiszeit werden Menschen sich dort, wo es keine Deiche gibt, in höhere Bereiche umsiedeln und manche flache Insel einfach verlassen. Das alles ist nichts neues. Menschen haben das immer gekonnt und auch gemacht. Durch den großen technischen Fortschritt seit dem Ende der letzten Eiszeit hat sich die Position der Erdenbürger gegenüber den großen, natürlichen Kräften des Klimawandels sehr verbessert. Die von manchen Propheten gezeichneten Weltuntergangsszenarien sind barer Unsinn. Niemand vermag genau zu sagen, wie intensiv sich das Klima tatsächlich innerhalb eines Jahrhunderts wandeln wird. Wer das von sich behauptet, sagt nicht die Wahrheit. So wenig, wie Meteorologen eine Wettervorhersage für den 1. November in vier Jahren wagen würden, ist eine Prognose des Klimas über einen Zeitraum von 100 Jahren möglich und seriös. Es kann tatsächlich auch plötzlich wieder kälter werden. Wandeln wird es sich ganz sicher. Das ist die Natur des Klimas. Bei näherer Betrachtung mancher Klimapropheten ist es möglich, den Grund für deren Sargdeckelklappern zu entdecken. Sie sind interessengesteuert.

Sargdeckelklapperer und ihr Profit

Eine Klimakatastrophe gibt es nicht. Wohl aber einen Klimawandel. Trotzdem verbreiten sich durch eine Wechselwirkung von Medien und Klimaforschern immer intensiver derartig finstere Nachrichten, dass in Folge dieser unablässigen Beeinflussung die Politiker und Regierenden zahlreicher Staaten bereit sind, sehr große Geldsummen für die Erforschung des Klimawandels zu verwenden. Das IPCC ist mittlerweile dermaßen üppig mit Geld ausgestattet, dass aufgrund der

Im Aufwind - Die Windkraftanlagen-Industrie profitiert von der "Klimakatastrophe". Dank des "Zwangssponsering" bezahlen alle Haushalte die Kosten für die "windigen Geschäfte". Beste Lobbyistenarbeit in Berlin sorgt dafür, dass auch zukünftig die Windmühlen wahre Geldmühlen sind.

reichhaltigen Geldressourcen eine Vielzahl von mehr oder weniger dringend notwendigen Forschungen finanziert werden können. Der Einfachheit halber ist mittlerweile der Übeltäter für den Klimawandel längst ausgemacht. Es ist das Kohlendioxid. Schön simpel. Woher der plötzliche und riesige Forschungsbedarf entstand, bleibt ein Rätsel. Klimaforschung wird schon seit Jahrzehnten durchgeführt. Ganz sicher hätten die Wissenschaftler manchmal mehr Geld wirklich gebrauchen können. Jetzt steigt die Summe der Forschungsgelder im Verhältnis weitaus schneller, als der Meeresspiegel in den nächsten 100 Jahren. Das IPCC und tausende von Forschern nebst Mitarbeitern profitieren also intensiv vom superlativen Sargdeckelgeklapper. Das Problem ist, dass Klimaforschung mittlerweile meist nur noch in eine Richtung erfolgt. Ein bekannter Klimaforscher, dem ich Anonymität versprach, erzählte mir, dass Forschungsgelder mittlerweile nur dann fließen, wenn in Richtung Klimakatastrophe durch CO_2-Emissionen und deren Auswirkungen geforscht wird.

In der Rechtswissenschaft oft gestellt ist die Frage „Cui bono", also „wem nutzt es" (wem zum Vorteil)? An der festlichen Tafelrunde der Propheten der Klimakatastrophe sitzen wie schon erwähnt beglückte Klimaforscher, aber auch das mittlerweile begüterte IPCC. Fein raus sind auch die Hersteller und Betreiber von Windkraftanlagen. Die Windkraftlobby hatte sich ohnehin schon in Berlin positioniert, um durch erfolgreiche Lobbyarbeit die Abgeordneten des Deutschen Bundestages und auch Minister und Kanzler/in wohlwollend zu beeinflussen. An den Wählerinnen und Wählern vorbei. Dabei sei daran erinnert, dass die Kosten der windigen Energie von den Endverbrauchern bezahlt wird und damit die Strompreise auf längere Sicht noch weiter steigen. Die Windmühlen mahlen Geld, das die Stromkunden bezahlen müssen. Nebenbei schreitet die Landschaftszerstörung durch die Windkraftanlagen besonders in den Küstenregionen voran. Etwas besseres als die Klimakatastrophenhysterie konnte den Windenergieunternehmen nicht geschehen. Auch die Versicherer und Rückversicherer machen mehr Kasse durch das „böse Klima". Wer bisher noch nicht gegen Hagelschlag, Sturm- und Hochwasserschäden versichert war, wird angesichts des Katastrophenszenarios und des Sargdeckelklapperns der Versicherungsagenten und der Werbung eher willig, eine Versicherung abzuschließen. Autobauer, die Deutsche Bahn und andere Transportunternehmen, auch Hersteller ökologisch wertvoller Produkte vergessen im Rahmen der Klimakatastrophen-Bedrohung nicht, die Werbewirtschaft zu frequentieren, um als tapfere Helden und Saubermänner der Nation gegen den Klimawandel ins Feld zu ziehen. Ja, auch der Werbewirtschaft gefällt es, an der festlichen Tafelrunde der Propheten der Klimakatastrophe Platz zu nehmen. Die willfährigen Multiplikatoren der Hiobsbotschaften, nämlich der Teil der Medien, der ungeprüfte Informationen an die Rezipienten verbreitet, profitiert auch vom Klima-Thema. Darüber hinaus sind diese Medien der Katalysator für die großen, wahren Heldinnen und Helden, nämlich Abgeordnete und Minister, Ministerpräsidenten und Bundeskanzlerin. Gibt es etwas besseres für die politische Kaste, als durch Medien ins beste Licht gerückt zu werden, weil man vermeintlich die alle bedrohende Klimakatastrophe mit viel Geld (Steuergeldern) erfolgreich bekämpfen will? Die durch das Geld Begünstigten werden sich freuen, wie überhaupt alle, von denen man sich ein prima Klima erhofft. Mit einer uns alle betreffenden Klimakatastrophe kann man als Politiker eine Wahl noch weitaus besser gewinnen, als mit einem Oder-/Elbe-Hochwasser. So weit der Blick auf die Ritter der Klimakatastrophen-Tafelrunde.

Resümee

Auf unserer Welt gibt es aber leider keinen Grund zum Optimismus. Durch die fast zur Hysterie geratene Fokussierung auf die so genannte Klimakatastrophe wurde die Aufmerksamkeit von den wirklich unmittelbaren Gefahren für die Menschheit und die Natur abgelenkt. Manchem Umweltsünderm wird das recht sein. Amerikaner und insbesondere Russen haben einfach Kernreaktoren in den Meeren entsorgt. Durch Überfischung besteht zur Zeit die große Gefahr, dass es zum Aussterben bestimmter Fischarten kommt. Dazu reicht es aus, wenn die stark dezimierte Population einer Art von einer Krankheit befallen wird. Dabei wird vergessen, dass schnell auch eine Art betroffen sein kann, deren Ausfall in der Nahrungskette in Folge das Aussterben weiterer Arten

Nicht der Klimawandel, sondern Umweltverschutzung und Überdüngung mit nachfolgendem Massenauftreten von Algen gefährden die Seehunde.

nach sich zieht.

Weltumsegler, auch Rollo Gebhard, warnten vor der katastrophalen Verschmutzung der Meere, die auch auf dem Boden der großen Ozeane nicht halt macht. Der Mensch wirft und leitet nach wie vor riesige Mengen Abfall und Schadstoffe einfach ins Meer. Nach wie vor verdrecken und vergiften Unternehmen durch die Ableitung von Öl in den Boden und durch die Verwüstung der Natur riesige Areale, die vorher nahezu

unberührt waren.
Die Liste des menschlichen Frevels an der Natur ist
sehr lang. Wir alle sollten uns sorgen.

Das Leben auf dieser Welt wird die Veränderungen
des Klimas weiterhin überleben, aber nicht die Vergif-
tung durch den Menschen.

An dieser Stelle erinnere ich daran, dass auch die von
Menschen verursachten CO2-Emissionen nicht natürlich und ein Teil der Temperaturbilanz sind.

Der mächtige, natürliche Motor der Erwärmung aber
war, ist und wird immer das Gespann der riesigen
Sonne mit dem glühenden Erdkern und den Vulkanen
als Sozius sein.

Doch lassen Sie sich nicht von der Sonne täuschen !

Sie ist nicht die einzige.

In einer sternklaren Nacht können Sie mit dem bloßen
Auge statt nur einer Sonne unzählige Sonnen sehen.
Jeder Stern ist eine Sonne.

Sollte es Ihnen in einer solchen Nacht trotz des
Anblicks der vielen Sonnen kalt werden, können Sie
sich leicht durch den Gedanken trösten, dass die Erde

vielleicht wärmer wird.
Eventuell werden wir ein Klimaoptimum erleben.

Eine Warmzeit in einem Eiszeitalter.
Schön, wenn dann an der Ostsee und in Schottland
wieder leckerer Wein angebaut werden kann.
Angenehm, wenn die Nord- und Ostsee wieder bei
mediterranen Wasser- und Lufttemperaturen zum
Baden einladen. Die Menschen sollten es genießen,
denn danach wird es wieder kälter werden.

Ein Klimapessimum wird schließlich wieder vieles in
Eis und Schnee erstarren lassen.

Eine Katastrophe ?

Nein !

Einfach nur ein Klimawandel.

Wie immer.

Wetter - beobachten und verstehen

Die Geschichte unseres Wetters

Es vergeht kein Tag, an dem nicht überall auf dieser Welt Menschen über das Wetter reden. Möglicherweise ist es sogar das am meisten besprochene Thema der Menschheit. Selbst im 21. Jahrhundert, in dem Menschen mit Hilfe der Technik vermeintlich die Kräfte der Natur beherrschen, sind sie vom Wetter abhängig, wie auch schon vor Jahrtausenden.
Züge der Deutschen Bahn bleiben in manchem Winter in Schneewehen stecken, Flugzeuge bleiben bei dichtem Nebel und im Schneesturm auf dem Flughafen stehen, Schiffe bleiben im Eis liegen und jeder Raketenstart ist abhängig vom Wetter am Startort. Selbst in den modernen Großstädten dieser Welt schauen die in klimatisierten Büroräumen arbeitenden Angestellten frühmorgens vor der Fahrt zur Arbeit aus dem Fenster, um sich dem Wetter angemessen zu kleiden. Auch

wenn sie dem Wetter nur sehr kurz ausgesetzt sind. Doch nicht nur für die Menschen ist das Wetter wichtig. Die Auswirkungen des täglichen Wetters, die jahreszeitliche Witterung und das Klima beeinflussen alles Leben auf dieser Erde. Pflanzen und Tiere richten ihren Lebenszyklus nach den jahreszeitlich verschiedenen Witterungen aus. Ja sogar die so genannte tote Materie, beispielsweise Gebirge, werden in langen Prozessen von den Auswirkungen des Wetters betroffen. Durch die latente Wirkung des Wetters finden Verwitterungsprozesse statt. Von einem einst erhabenen Gebirge bleibt schließlich nur noch Sand. Steter Tropfen höhlt den Stein. Die Geschichte des Wetters ist fast so alt wie die Erde. Zirka vier Milliarden Jahre. Das Wort Wetter wird für das meteorologische Geschehen an einem Tag verwendet, während der allgemeine Durchschnitt des Wetters an mehreren Tagen bis hin zu den Jahreszeiten als Witterung bezeichnet wird. Im Winter kann zum Beispiel ein Hochdruckgebiet mit Lage über Südskandinavien, das sich längere Zeit hält, für eine kalte und trockene Witterung in Deutschland sorgen. Für die Geschichte der Wetterprozesse verwendet man jedoch das Wort Klima.

Wettervorhersage

Menschen haben sich schon immer Gedanken über das Wetter gemacht. Ungünstiges Wetter entschied häufig über Missernten, die Hungersnöte und nicht selten den Tod vieler Menschen nach sich zogen. Auch ohne technische Hilfsmittel waren viele Menschen trotzdem gute Beobachter und Deuter der Wettervorgänge. Nicht zuletzt, weil sie unmittelbarer und nachhaltiger mit den Auswirkungen des Wetters konfrontiert waren, als wir es heutzutage sind. Mancher „Wetterprophet" des Mittelalters hatte letztlich nicht den so genannten siebten Sinn, sondern war ein geschulter Betrachter der Wettervorgänge. Dass diese Wetterpropheten sich trotz ihrer guten Beobachtungsgabe auch häufiger irrten, bezahlte wohl mancher von ihnen teuer, zumal eine durch Missernte aufgebrachte Menschenmenge des Mittelalters keineswegs sonderlich zimperlich war. Selbst die modernen Wetterkundler des Deutschen Wetterdienstes ernten bei durchaus erklärbaren Fehlprognosen nicht selten unverhohlenen und wenig schmuckreichen Spott. Dabei liegt dank der genauen Berechnungen mittels neuester Supercomputer die Vorhersagegenauigkeit nach Angaben des Deutschen Wetterdienstes schon bei über 90 Prozent innerhalb von 24 Stunden. Eine Vorhersage über den Zeitraum einer Woche hinaus mündet schließlich im Zufall. Kein Wunder, denn das Wettergeschehen ist ein fortwährender und sehr dynamischer Prozess, der nur durch immer neue Berechnungen genau erfasst werden kann. Überdies sind Vorgänge weit von Europa entfernt mit für unser Wetter verantwortlich, die trotz der täglichen Satellitenbilder nicht genau bewertet werden können, weil im Gebiet der Meere und Ozeane, die zwei Drittel der Erdoberfläche bedecken, nur relativ wenige Messstationen existieren. Zur genauen Prognose werden aber möglichst viele Daten benötigt. Ein weiterer Faktor für lokal begrenzte Fehlprognosen sind örtliche Besonderheiten und Entwicklungen des Wetters, die am Tag zuvor noch nicht vorhersehbar waren. So entwickelt sich mancher steife Wind an der Küste, obwohl er nicht vorhergesagt wurde und manche Wolke schüttet Regen aus, ohne dass damit zu rechnen war. In den nächsten Kapiteln soll auch erklärt werden, wie das möglich ist. Immerhin gibt es auch heutzutage Möglichkeiten, lokal das Wetter zu beurteilen und eine Prognose zu wagen, die manchmal genauer ist, als die des Deutschen Wetterdienstes. Das gilt aber wie gesagt nur für lokale Entwicklungen. Manche Seeleute, Förster und viele andere mit der Natur vertraute Menschen sind in der Lage, aufgrund ihrer Erfahrungen und Beobachtungen genaue Wetterprognosen für ihren Lebensraum abzugeben. Viele Tiere reagieren ebenso, wenn auch wahrscheinlich instinktiv, schon lange vor bestimmten Wetterereignissen auf eine Veränderung. Noch hat uns Menschen die Zivilisation nicht die letzten Fähigkeiten zur Wahrnehmung des Naturprozesses Wetter genommen und wer Freude daran hat, mag vielleicht mit Hilfe dieses Buches seine Sinne für diesen Teil

Das Barometer ist das wichtigste Instrument zur Beobachtung und Vorhersage des Wetters. Nicht hauptsächlich der momentane Luftdruck, sondern dessen Trend sagt etwas über die Entwicklung des Wetters aus.

der Natur wieder schärfen. Eine 100% lokale Prognose wird zwar auch für den besten Beobachter meistens nicht möglich sein, aber es zählt ja nicht nur die Erfolgsquote, sondern vielmehr die Freude am engen Kontakt mit diesem doch so wichtigen und uns

Für die Wetterbeobachtung ist ein Thermometer unerlässlich.
Ein einfaches Thermometer reicht aus. Besser ist natürlich ein
Minimum/Maximum Thermometer, weil damit auch die tiefste
Temperatur der vergangenen Nacht ermittelbar ist.

Wolken: Cirrocumulus (Schäfchenwolken in großer Höhe).

alle beeinflussenden Teil der Natur.

Die verschiedenen Wetterelemente

Um die Wetterprozesse grundlegend zu verstehen, ist es notwendig, die Ursache all dieser Vorgänge zu kennen, denn schließlich sind hier ungeheure Kräfte im Gange, die ja irgendwo herkommen müssen.

Sonneneinstrahlung

Die Energie, welche in der Atmosphäre solche gigantischen Vorgänge bewirkt, kommt zum größten Teil von der Sonne. Die Sonne, deren Strahlen immerhin 8,3 Minuten bis zur Erde brauchen, obwohl sie sich mit annähernd 300.000 km pro Sekunde fortbewegen, macht aus unserem kalten Planeten, der nur im Erdinnern noch glühend ist, einen Empfänger für riesige Energiemengen. Ohne die Sonnenstrahlen wäre Leben auf dieser Erde praktisch unmöglich.

Aufbau der Atmosphäre

Aber es gibt noch eine weitere Voraussetzung für das Leben auf der Erde, die auch für das Wettergeschehen verantwortlich ist, nämlich unsere Atmosphäre. Was wir vereinfacht Luft nennen, ist dabei ein kompliziertes Gemisch, das von der Biosphäre des Überlebens wegen durch viele noch unbekannte Funktionen konstant gehalten wird. Auch die durch die Wetterereignisse verursachte turbulente Durchmischung trägt zu einer gleichmäßigen Verteilung der einzelnen Bestandteile bei. In vielerlei Hinsicht gibt es Parallelen zu den Meeren und Ozeanen, auch wenn das „Luftmeer" 20 mal dünner ist. So schweben im Luftmeer viele kleinste Teilchen, ohne die es keine Wolken gäbe, da an ihnen der in der Luft enthaltene Wasserdampf kondensiert. Darüber hinaus wissen insbesondere Allergiker sehr genau, dass in diesem Luftmeer auch Blütenpollen transportiert werden. Es

Wolken: Altocumulus weißlich bis graue, mittelhohe Wolken.
Oft auf ein Niederschlagsgebiet folgend. Teils zerrissen.

schwebt schon einiges in der Luft, leider mittlerweile
viel mehr, als teilweise auch für uns Menschen gesund
ist. Neben den 78,8% Stickstoff und 20,95% Sauerstoff enthält die Atmosphäre in den verbleibenden
0,25% noch folgende Anteile: Argon, Kohlendioxid,
sowie in Spuren Neon, Helium, Methan, Krypton,
Wasserstoff, Distickstoff, Xenon, Ozon, Schwefelwas-
serstoff, Stickstoffdioxid, Ammoniak, Chlorfluorme-
than, sowie noch viele andere Gase in kaum
messbaren Spuren. Das so geringfügig vorhandene

Gase wie Ozon und Kohlendioxid dabei große Auswirkungen haben können, wird später noch behandelt.
Die Prozentangaben schwanken in der Fachliteratur
ein wenig, da Feuchtigkeit und Temperatur diese
Werte beeinflussen. An dieser Stelle will ich nicht vergessen zu erwähnen, dass die Luft zu einem erheblichen Teil auch Wasserdampf enthält, dessen Menge
von der Temperatur abhängig ist. Auch darauf wird
noch näher eingegangen. Die Vorstellung, die Atmosphäre sei ein Meer von Luft, findet auch ihre Grenze.
Dies wird deutlich, wenn man die Höhe der Atmosphäre betrachtet. Sie reicht bis zu ungefähr 500 km
hoch, obwohl cirka ¾ der Gesamtluftmenge sich auf
die unteren 15 km verteilen. Entsprechend verhält es
sich darum mit dem Luftdruck. Logischerweise drückt
die Luft ganz unten auf die Erdoberfläche am meisten.

Luftdruck

Das Gewicht der Luft nehmen wir vereinfacht mal mit
durchschnittlich 1013 Hektopascal (hPa) an, damit der
Höhenaufbau der Atmosphäre einfacher verstanden
werden kann. Der Einfachheit halber nehmen wir
auch an, dass 1013 Hektopascal (hPa) immer gleich
der alten Einteilung in Millibar (mbar) sind, die aber
heute nicht mehr verwendet wird. Wer es ganz genau
wissen möchte, dem sei verraten, dass 1013 hPa
gleich 760 mm Quecksilbersäule sind.

Mit einem Hygrometer wird die Luftfeuchtigkeit gemessen.
Genau genommen wird gemessen, wieviel Wasser als Gas
(Wasserdampf) in der Luft vorhanden ist.

Die ersten 15 km der Atmosphäre werden auch Troposphäre genannt. Hier spielt sich fast das gesamte Wettergeschehen ab und in diesem Bereich befindet sich
auch annähernd der gesamte Wasserdampf in der Luft.
In der Troposphäre nimmt mit zunehmender Höhe

auch die Durchschnittstemperatur ab, nämlich um 6,5 Grad, bzw. Kelvin pro Kilometer. Ebenso nimmt der Luftdruck ab. In 1 km Höhe beträgt der von uns angenommene Durchschnittsluftdruck statt 1013 hPa nur noch 900 hPa. In ungefähr 2 km Höhe beträgt der Luftdruck noch 800 hPa, in ca. 3 km 700 hPa, während danach der Luftdruck langsamer abnimmt. In 5,6 km Höhe beträgt er 500 hPa und schließlich in ca. 16 km Höhe dann 100 hPa.

Es gibt eine Regel, die pro 5,5 km eine Reduzierung des Luftdrucks um die Hälfte annimmt, aber mit zunehmender Höhe wird diese Regel immer ungenauer. Das obere Ende der Troposphäre in ca.15 km Höhe wird durch die Tropopause begrenzt.
Die Tropopause ist eine Zone, in der die Temperatur nicht mehr wie darunter um 5,5 Kelvin (Grad) pro km sinkt, sondern nur noch um 3,25 Kelvin und manchmal steigt die Temperatur sogar in der Tropopause. Unterhalb dieser Schicht treten die schnellsten Winde auf, auch die so genannten Strahlströme, die vorwiegend in den mittleren Breitengraden auftreten und von manchem Düsenjetpilot als zusätzliche Antriebskraft genutzt werden.

Wolken: Cumulonimbus (Schauer und Gewitterwolke)
beim Durchzug einer Kaltfront.

Stratosphäre

Zwar spielt sich das direkte Wettergeschehen in der
Troposphäre ab, aber die sich nach der Tropopause
anschließende Stratosphäre ist ebenso von ungeheurer
Wichtigkeit. Einerseits deshalb, weil sich in einer
Höhe von 20 – 50 km die Ozonschicht befindet, welche die für das Leben gefährliche UV-Strahlung
absorbiert und andererseits, da in dieser Schicht inten-
sive horizontale Vermischungen der dort noch vorhan-

Wolken: Cumulus (Haufenwolke).

denen Luft stattfinden. Beobachtet wurde in der Stratosphäre auch eine Wechselwirkung zur Temperatur-
entwicklung in der Troposphäre. Steigt die Temperatur in der Troposphäre, sinkt sie fast gleichzeitig in
der Stratosphäre. Umgekehrt gilt das ebenso. Worauf
dieser Prozess basiert, ist noch nicht eindeutig geklärt.
Warum die Ozonschicht am Ende eines Winters an
den Polen wesentlich dünner wird, ist auch noch nicht
völlig geklärt. Sicher ist aber, dass durch Fluorchlor-
kohlenwasserstoffe (FCKW) aus menschlicher Indus-
trieproduktion die lebenswichtige Ozonschicht arg

angegriffen wird. Trotzdem ist das Gleichgewicht noch nicht gekippt, da in diesen ausgedünnten Bereichen schließlich auch wieder mehr Ozon produziert wird. Das heißt natürlich nicht, dass dieses Gleichgewicht nicht irgendwann doch aus dem Lot gebracht werden kann. Auswirkungen durch die Sonnenfleckentätigkeit und der daraus resultierenden Strahlung auf die Ozonschicht können auch nicht ausgeschlossen werden.

Mesosphäre und Thermosphäre

Oberhalb der Stratosphäre befindet sich ab ungefähr 50 km Höhe die Mesosphäre, in welcher der Luftdruck unter 1 hPa sinkt. In der extrem luftarmen Thermosphäre, die sich ab ca. 80 km Höhe an die Mesosphäre anschließt, der Luftdruck sinkt hier allmählich gegen Null, werden die Atome durch die Strahlung ihrer Elektronen beraubt, also ionisiert.
Dieser Teil der Thermosphäre wird darum auch Ionosphäre genannt, sie reicht von 250 bis 500 km Höhe und sorgt durch die Ionen für die Reflexion der Rundfunkkurzwellen.
Ab ungefähr 500 km Höhe beginnt dann das Weltall. Dieser Exkurs in die Höhen der Atmosphäre zeigt sehr wohl auf, wie wichtig jeder Teil, sei er noch so luftarm, für die Erde ist. Trotzdem wende ich mich jetzt wieder der Troposphäre zu, da diese für unser Wetter-

Wolken: Stratus. Ein Orkan reißt im Emder Hafen ein Schiff los, die graue Stratusbewölkung läßt die Situation noch bedrohlicher erscheinen.

geschehen am intensivsten verantwortlich ist. Wie schon erwähnt, ist die Sonnenstrahlung die Urkraft für die Wettervorgänge auf der Erde. Der Teil der Sonnenstrahlen, den wir gemeinhin als Wärme bezeichnen, spielt dabei die wohl wichtigste Rolle.

Wie Temperaturschwankungen entstehen

Um das zu verstehen, mache ich einen kleinen, aber

völlig unkomplizierten Ausflug in die Physik. Atome und Moleküle, besitzen die Eigenschaft, je nach Temperatur zu schwingen. Bei niedriger Temperatur sind die Schwingungen gering und mit steigender Temperatur steigt auch die Schwingungszahl. Das bedeutet gleichzeitig, dass Teilchen durch Wärmestrahlung nicht nur mehr schwingen, sondern damit auch mehr Raum brauchen. Die Folge ist, dass die kälteren Teilchen dichter beieinander und dadurch als Menge schwerer sind, kalte Luft also nach unten sinkt, während die wärmeren Teilchen, also im Verhältnis zur Umgebung wärmere Luft, die durch Wärmestrahlen zum intensiveren Schwingen angeregt wurden, mehr Raum brauchen und nach oben aufsteigen. Diese physikalische Eigenschaft der Teilchen ist der Motor des Wettergeschehens auf der Erde, denn mit der Bewegung der Teilchen, im Wettergeschehen ist das die Luft, entsteht immer auch ein Luftstrom. Treffen warme Luft und kalte Luft aufeinander, so wird dieser Zustand als labile Schichtung bezeichnet. Denken wir an die zuvor beschriebene Eigenschaft der Luft sich der Temperatur nach zu schichten, ist auch deutlich, weshalb diese Situation als labil bezeichnet wird: Die kalte Luft sinkt nach unten und die warme Luft steigt nach oben und das erzeugt entsprechende Luftströme. Der ideale Endzustand eines solchen Prozesses wird als stabile Luftschichtung bezeichnet: Die kalte Luft ist unten und die warme Luft befindet sich darüber.

Damit ist schon der wichtigste Motor des Wettergeschehens erklärt. Die Funktion der Tiefdruckgebiete
ist nämlich vereinfacht keine andere, als die der
Schaffung einer stabilen Schichtung zwischen Warm
und Kalt. Tatsächlich verläuft dieses Geschehen in der
Natur noch ein wenig anders, da die Warmluft in der
Höhe durch den dort schnelleren Wind auch zügiger
vorankommt. Der Wind sorgt so dafür, dass die
ursprünglich eher senkrechte Trennung zwischen warmer und kalter Luft in einem spitzen Winkel zur Kaltluft hin kippt. Die Senkrechte zwischen Warmluft und
Kaltluft ist zu einer schiefen Ebene geworden, auf die
sich die Warmluft mittels des mit zunehmender Höhe
stärkeren Windes schiebt. Entsprechend kommt die
Warmluft unten langsamer und oben schneller voran.
Dieser in Tiefdruckgebieten stattfindende Prozess,
sorgt auch global für einen Ausgleich zwischen der
warmen Luft aus den äquatornahen Breiten und der
kalten Luft von den Polen. Tiefdruckgebiete sind
sozusagen Ausgleicher zwischen warmen und kalten
Luftmassen. Gäbe es keine Tiefdruckgebiete, dann
würde es an den Polen schließlich unerträglich kalt
und am Äquator fürchterlich heiß. Das Gleichgewicht
wäre gestört. Nebenbei sorgen die entstehenden Luftströmungen für eine kräftige Durchmischung der Luft,
die auch als Reinigungsprozess gelten kann. Der Ausgleich zwischen den verschiedenwarmen Luftmassen
verläuft nicht gradlinig. Es bilden sich nämlich rotie-

Schönwetter-Cumulus. Aus diesen Wolken wird kein Regen fallen. Die Wolken dehnen sich nicht aus.

rende Wirbel, die aussehen wie die Spiralen der Galaxien im Weltraum. Erst diese Form nennt man dann ein Tiefdruckgebiet. Doch darüber mehr im nächsten Kapitel.

Wir untersuchen unser Wetter

Das Aufeinandertreffen von warmer und kalter Luft, wie es im vorherigen Kapitel dargestellt wurde und das Entstehen von Tiefdruckgebieten setzt in unserer

Lufthülle noch mehr in Bewegung. Wenn an einer Stelle in einem System der Druck niedriger wird, muss er an anderer Stelle höher werden. Anhand eines einfachen, aber naturgetreuen Beispiels lässt sich aber gut erklären, warum der Druck in dem Austauschprozess zwischen warmer und kalter Luft in einem Tiefdruckgebiet geringer ist und welche Aufgabe die Hochdruckgebiete haben. Danach soll erklärt werden, wie es zur Rotation und der Spiralbildung der Tiefdruckgebiete kommt. Das verwendete Beispiel lässt sich jedes Jahr im frühen Sommer an der Nordsee hervorragend beobachten. Scheint dort tagsüber intensiv die Sonne, dann erwärmt sich das Festland wesentlich stärker als das sowieso noch relativ kalte Wasser. Die über dem Festland erwärmte Luft steigt nach oben. Der Luftdruck über dem erwärmten Land wird durch die abströmende Warmluft geringer. Es ist im Verhältnis zur Umgebung ein Unterdruck entstanden, ein Tiefdruckgebiet. In diesen Unterdruck fließt von unten die kühlere Luft von der Wasseroberfläche ein, erwärmt sich aber sofort wieder und schon geht's erneut auf nach oben. Da die Luft über der Meeresoberfläche unten zum Unterdruck (Tief) auf dem Festland abfließt, entsteht nun über dem Wasser ein Luftdefizit, das durch die sich abkühlende und damit absinkende Ex-Festlandswarmluft von oben ausgeglichen wird. Es ist ein echter Kreislauf entstanden, der sich an der Nordsee durch einen oft kräftigen und

Nicht in jedem Winter ist es möglich Schlittschuh zu laufen. Hält die Eisdecke wieder einmal, dann tummeln sich viele Menschen auf dem Eis.

kühlenden Seewind bemerkbar macht. An der selben Stelle lässt sich auch die Entstehung eines lokalen Hochdruckgebietes betrachten. Die Ursache: Nach dem Sonnenuntergang kühlt sich in einer sternklaren Nacht die Erdoberfläche schnell ab, während die Wassertemperatur im Verhältnis warm bleibt. Die kühle Luft über dem Land zieht sich zusammen, wird also dichter und über der absinkenden Luft strömen Luftmassen aus den oberen Schichten der Meeresluft nach. Somit ist über dem Festland ein Hochdruckgebiet entstanden. Ein Kreislauf entsteht auch hier, da am Boden aus dem Hochdruckgebiet Luft zum Wasser abfließt, das dort wieder nach oben steigt um erneut von oben in das Hoch einzufließen. Die kalte Luft, die sich über dem Land zusammengezogen hat, plus der von oben einströmenden Luft aus dem Meeresgebiet, ergeben trotz des Abfließens von Luft aus dem unteren Teil des Hochs zum Meer immer ein höheres Luftgewicht, also einen höheren Luftdruck, da soviel zusammengezogene, kalte und damit schwere Luft über dem Land ist, während über dem Meer alle Luft wieder sofort erwärmt wird. Ein solches Minihoch mit einem Landwind tritt vorwiegend im Spätsommer an der Küste auf. Segler sollten darauf sehr wachsam sein, denn dieser Wind, der vom Land zur See weht, kann ganz schön heftig aufbrausen.

Die beiden aufgezeigten Beispiele demonstrieren sehr deutlich, wie verschiedenwarme Luftmassen zu unterschiedlichen Luftdrucken führen. Tatsächlich entstehen auch die großen Hochs und Tiefs nur aus diesem Grund, wenngleich auch auf viel größere Gebiete bezogen.

Hochs und Tiefs

Die Temperaturunterschiede ergeben sich im Großen durch die verschiedenen Klimazonen und die Jahres-

Nebel ist keine gute Tarnung. Wenn die Sonne die Luft er-
wärmt, nimmt sie die Feuchtigkeit auf. Warme Luft kann sehr
viel mehr Wasser aufnehmen als kalte.
Der Panzer ist enttarnt.

zeiten. Grundsätzlich bleibt aber das Prinzip gleich. Der Unterschied liegt aber einerseits in der Form der Hoch- und Tiefdruckgebiete und darin, dass diese wandern. Dabei verläuft die „Geburt" eines Tiefdruckgebietes zunächst noch nach den bekannten Spielregeln. Durch einen großräumigen Druckunterschied trifft warme Luft aus dem Süden (das gilt auf der Südhalbkugel natürlich umgekehrt) auf kältere Luft im Norden. Eine labile Schichtung entsteht beim Aufeinandertreffen auf langer Front und eigentlich könnte nun der Prozess für eine stabilere Schichtung erfolgen. Das passiert auch, denn es entstehen starke vertikale Luftströmungen, wie in unseren Hoch- und Tiefdruckbeispielen. Damit aber ein Tiefdruckwirbel entsteht, der fachgerechte Ausdruck dafür ist „Zyklone", ist die Voraussetzung, dass die Warmluft von Westen nach Osten fließt und die Kaltluft von Osten nach Westen. In der so verlaufenden Kontaktzone zwischen den beiden Luftmassen bildet sich nach einiger Zeit eine Ausbeulung der Warmluft in die Kaltluft hinein.

Warm- und Kaltfront

An der Spitze der Ausbeulung sinkt der Luftdruck und es entsteht dort eine Drehbewegung. Der von Osten nach Westen verlaufende Luftstrom wird hinter der Ausbeulung ein wenig in die Warmfront hineingelenkt und auch die Warmluft strömt in den Kaltluftbereich. Es haben sich damit eine Kaltfront und eine Warmfront gebildet. Die Rotationsgeschwindigkeit des Tiefs, bzw. der Zyklone beginnt zu steigen. Damit wird gleichzeitig der Luftdruck im Inneren der Zyklone niedriger, er vertieft sich weiter. Die entstandene Warmfront ist oben schneller als unten, sie schiebt sich über die vor ihr liegende Kaltluft, während die Kaltluftfront, sie ist eher senkrecht, schneller als die Warmfront vorankommt. Somit wird der

Warmluftraum zwischen der Warmfront und der ihr folgenden Kaltfront immer kleiner. Schließlich holt die Kaltluft die Warmluft ein. Die restliche Warmluft aus dem Sektor zwischen der Kaltfront und der Warmfront wird so abgeschnürt und weicht nach oben aus. Diesen Vorgang nennt man Okklusion. Im Winter ist die von Westen herannahende, maritime Kaltluft wärmer, als die eingeholte eher kontinentale Kaltluft. Diese Form wird daher Warmluftokklusion genannt. Die Wettererscheinungen ähneln daher der einer Warmfront. Im Sommer ist die aufschließende maritime Kaltluft meistens kälter, als die vorangehende. Eine solche Okklusion nennt man Kaltluftokklusion. Die Wettererscheinungen sind daher eher wie beim Durchzug einer Kaltfront. Da aber die ehemalige Warmluft nunmehr nach oben ausgewichen ist, entsteht schließlich nach Auffüllung des Zyklonenkerns durch einströmende Luftmassen, nachdem durch Reibung mit der Erdoberfläche auch die Luftströmungen nachgelassen haben, eine stabile Schichtung. Das Tief hat sich aufgelöst. Ein Tiefdruckgebiet wandert im nordatlantischen und europäischen Einzugsbereich immer von West nach Ost. Meistens dauert der Prozess bis zur Okklusion ca. 48 Stunden. Häufiger bilden sich an der langgestreckten Kaltfront auch weitere Tiefdruckgebiete, man spricht auch von einer Zyklonenfamilie.

Raureif bildet sich, wenn Tau gefriert. Autofahrer sollten bei Raureif aufpassen. Die Nebenstraßen könnten glatt sein.

Drehbewegungen

Diese Darstellung ist sicher vereinfacht, aber sie macht doch das Leben einer Zyklone anschaulich. Zur Entstehung der Drehbewegung eines Tiefdruckgebietes hier noch ein paar Anmerkungen. Eine über dem Nordpol festliegende Luftmasse vollzieht mit der Erdrotation eine ganze Drehung innerhalb von 24 Stunden. Diese Drehbewegung bleibt der Luftmasse auch erhalten, wenn diese Richtung Äquator abwandert. Da es sich bei der Rotation um eine Kreiselbewegung handelt und Kreisel sich immer mit ihrer Drehachse parallel zur Erdachse ausrichten, entsteht eine Schräglage der Achse eines Tiefdruckgebietes, das ja im Prinzip auch ein Kreisel ist. Ergebnis: Das Bodentief ist südlicher, als das Höhentief. Diese Erscheinung kann man auf jeder Wetterkarte beobachten. Wichtig ist auch die Feststellung, dass die kalten Luftmassen aus dem hohen Norden bereits eine Neigung zur Kreiselbewegung mitbringen. Verstärkt durch den Höhenwind von Ost nach West in der Kaltluft entsteht so die Wirbeligkeit der Kaltluft, die auch Zyklonalität genannt wird. Damit wird die schon beschriebene Bildung einer Zyklone forciert. Da die Zyklonalität durch die Erdrotation entsteht, drehen sich auf der Nordhalbkugel Wirbel, also auch Zyklonen, mit der Erde links herum und auf der Südhalbkugel rechts herum, also im Uhrzeigersinn. Zum grundsätzlichen Verständnis der Wetterereignisse ist noch eine weitere Erscheinung sehr wichtig. Die Luftmassen zwischen einem Hochdruckgebiet und einem Tiefdruckgebiet strömen oft über viele hundert Kilometer vom Hoch zum Tief, da das physikalische Bestreben existiert, die Luftdruckgegensätze auszugleichen. Die Luftströmungen verlaufen dabei aber nicht einfach gradlinig vom Kern des Hochs zum Kern des Tiefs.

Corioliskraft

Genau genommen werden die Luftströmungen durch eine Kraft abgelenkt, die nach ihrem Entdecker „Corioliskraft" heißt. Auf der Nordhalbkugel erfolgt die Ablenkung immer von der Strömungsrichtung aus betrachtet nach rechts. Durch diese Rechtsablenkung auf der Nordhalbkugel umfließen die Luftströme ein Tiefdruckgebiet immer von links und ein Hochdruckgebiet von rechts. So entstehen die Linkswirbel um ein Tief und die Rechtswirbel um ein Hoch. Wer diesen Ablenkungsprozess einmal beobachten möchte, der kann ausgestattet mit einer kleinen Glaskugel das Experiment auf einem Kirmeskarussell durchführen. Dabei wird auch ein anderer Effekt deutlich. Durch die zusätzliche Fliehkraft rollt die Kugel mit der Drehbewegung des Karussells schneller und entgegengesetzt zur Drehbewegung des Karussells langsamer. Die Fliehkraft bremst auch in der Natur die Strömungsgeschwindigkeit des Windes, der zum Tief weht und erhöht bis zu einem gewissen Grad den Luftstrom, der zum Hoch weht. Trotzdem, nach rechts von der Strömungsrichtung aus betrachtet, werden beide Kugeln auf dem Karussell abgelenkt. Bei großen Luftdruckgegensätzen strömt die Luft in das sich durch den linksdrehenden Wirbel zusammenziehende Tiefdruckgebiet immer stärker. Ähnlich geht es einem Eisläufer, der bei einer Pirouette die Arme an den Körper

Herbst- und Frühjahrsstürme richten immer wieder Schäden auf den Inseln an. Auf einem Pferd bekommt man nicht nur einen guten Überblick. Es geht so auch schneller.

legt. Der Drehimpuls wird stärker und es kann zu einem Sturm oder Orkan kommen. Einem Hochdruckgebiet passiert das nicht, weil dort die Strömungsrichtung nach außen geht, also wie im Beispiel der Pirouette, der Eisläufer die Arme nach außen gestreckt hat. Nach so viel wichtiger, aber kaum direkt sichtbarer Theorie, befasst sich das nächste Kapitel mit dem Wettergeschehen, das wir direkt sehen können, damit sind auch die Wolken gemeint.

Warum haben wir schlechtes Wetter?

Redet jemand gemeinhin vom Wetter, dann spielt die Tatsache, ob es bewölkt ist, oder eben nicht, eine wichtige Rolle. Wolkenloses Wetter wird fast immer als schön und bewölktes und niederschlagsreiches Wetter als schlecht empfunden. Bei der Betrachtung von Wolken und Niederschlag wird dabei deutlich, dass die Luft irgendwie Wasser enthalten muss. Wie sonst sollte es zur Bildung von Wolken und zur Entwicklung von Regen kommen? Tatsächlich enthält die Luft in Form von Wasserdampf bisweilen verhältnismäßig großen Mengen Wasser. Wie viel Wasserdampf jedoch in der Luft jeweils maximal enthalten ist, hängt dabei von der Lufttemperatur ab. Beträgt die Lufttemperatur 30 Grad Celsius und der Luftdruck 1000 hPa, enthält sie 28 Gramm Wasserdampf pro Kubikmeter. Bei 20 Grad sind es noch 14,7 g, bei 10 Grad 7,6 g und bei 0 Grad nur noch 3,8 g. Mit weiter sinkender Temperatur nimmt auch der maximale Wasserdampfgehalt ab und ist bei Minus 25 Grad schon unter 1 g. Entsprechend lässt sich pauschal sagen, dass die Luft, je wärmer sie ist, auch umso mehr Wasserdampf aufnehmen kann. Der in der Luft enthaltene Wasserdampf ist nicht sichtbar, aber spürbar. Bei hoher Luftfeuchtigkeit nehmen wir Menschen diese bei Temperaturen ab ca. 20 Grad als Schwüle wahr und auch viele Tierarten leiden unter solchem Wetter. Kühlt sich die Luft ab, kann sie nicht mehr soviel Wasserdampf aufnehmen wie zuvor. Dieser Vorgang verläuft allmählich. Hatte zum Beispiel 20 Grad warme Luft zuvor ca. 9,55 g Wasserdampf aufgenommen, betrug die Luftfeuchtigkeit ca. 65% relativ zur maximal möglichen Gesamtmenge bei dieser Temperatur von ungefähr 14,7 g. Kühlt sich die Luft auf 10 Grad ab, kann sie bei 100% Luftfeuchtigkeit nur noch höchstens 7,6 g Wasserdampf aufnehmen. Der Punkt, an dem die Luft 100% Luftfeuchtigkeit enthält, wird Taupunkt genannt. Da in unserem Beispiel die 20 Grad warme Luft bei 65% relativer Luftfeuchtigkeit 9,55 g Wasserdampf enthielt und sich auf 10 Grad Celsius abkühlte, werden 1,95 g Wasserdampf pro Kubikmeter Luft zu Wasser kondensieren. Tatsächlich würde sich in unserem Beispiel aus den 1,95 g Überschusswasserdampf dann auch Tau am Boden bilden. Tau bildet sich immer an Gräsern und anderen festen Gegenständen. Er kondensiert daran. Auch die Bildung von Wolken wäre ohne kleinste Kondensationskerne niemals möglich. Diese mikroskopisch kleinen Teilchen schweben in der Luft und stammen vom Erdboden, aber auch aus dem Meer. Steigt am Boden erwärmte Luft nun auf, gerät sie in der Höhe schließlich in kühlere Schichten und kann schließlich immer weniger Wasserdampf halten. Irgendwann ist der Taupunkt erreicht und der Wasserdampf beginnt an den kleinen, in der Luft enthaltenen Teilchen, zu konden-

Es gibt schneearme und schneereiche Winter. Im Jahr 2005 gab es in Teilen Deutschlands im Spätwinter noch reichlich Schnee zu schaufeln.

sieren. Die Höhe, auf der diese Kondensation stattfindet, wird auch Kondensationsniveau genannt. Es bilden sich dadurch Haufenwolken (Cumulus), die sich bei weiter steigenden Temperaturen aber auch sehr wohl wieder auflösen können. Diese durch die aufstrebende, erwärmte Luft entstandenen Wolken bilden sich oft über Berggipfeln, welche die warme Luft über ihre höchste Stelle leiten.

Thermik

Ebenso bilden sie sich über bestimmten Flächen. Dazu zählen am Erdboden zum Beispiel Felder, die mehr Wärme zurückstrahlen, als beispielsweise ein Wald. Segelflieger nennen diesen Vorgang Thermik und sie lieben diese, weil damit ausgedehnte Segelflüge möglich werden. Es entstehen mit einer Thermik bei Sonnenschein jedoch nicht zwangsläufig Wolken. Liegt das Kondensationsniveau zu hoch, um von der durch die Thermik hochtransportierten Luft erreicht zu werden oder ist die Luftfeuchtigkeit zu gering, bleibt die Wolkenbildung aus. In diesem Fall spricht man von einer „Blauthermik". Eigentlich haben die Segelflieger das Ausnutzen der Thermik den Vögeln abgeschaut. Dort, wo im Sommer eine Thermik entsteht, kann man häufig auch Vögel beobachten, die es scheinbar genießen, sich von der Thermik kreisend empor tragen zu lassen. Grundsätzlich ist nunmehr deutlich, dass Wolken durch Wasserdampfsättigung in der Atmosphäre entstehen. Zu einer solchen Sättigung kommt es jedoch auf recht unterschiedliche Weise. Einerseits kann durch starke Verdunstung zusätzlicher Wasserdampf zugeführt werden. Der zweite Weg besteht darin, dass durch eine Ausstrahlung der Erdbodenwärme und der Wärme von Dunstschichten in der Atmosphäre eine Abkühlung erfolgt. Eine weitere Variante ist eine Abkühlung der Luft durch ihre Ausdehnung beim Aufsteigen in höhere Luftschichten, wo ja ein niedrigerer Luftdruck herrscht. Die Zuführung zusätzlichen Wasserdampfes führt nur selten zur Wolkenbildung. Wenn, dann geschieht das durch die Verdunstung von warmem Niederschlag in darunter liegenden kälteren Luftschichten. Es bilden sich dann schwadenförmige Verdunstungswolken. Die Abkühlung durch Ausstrahlung ist dagegen ein häufigerer Vorgang. Nebelbildung ist das klassische Beispiel dafür.

Inversionslagen

Ein weiteres Beispiel bezieht sich auf eine Situation während einer austauscharmen Luftschichtung (Inversionswetterlage). Eine solche Wetterlage entsteht, wenn im Winter während einer Hochdrucklage die über der unten lagernden Kaltluft liegende Warmluft noch wärmer ist, als irgendwelche Luftmengen, die von unten aufsteigen. Da bei diesem Hochdruckwetter oft auch kaum Luftströmungen existieren, gibt es in einer relativ niedrigen Schicht eine Grenze für den Austausch der unten liegenden Kaltluft mit der über ihr befindlichen Warmluft. Unter der Inversion entstehen dann durch langwellige Wärmeabstrahlung nachts Schichtwolkenfelder. Es handelt sich dabei um Stratus- oder Stratocumuluswolken. Meistens bilden sich Wolken jedoch anders.

Wolkenentstehung

So entstehen Wolken wie schon beschrieben, wenn erwärmte Luftmassen aufsteigen und sich in höheren Schichten abkühlen. Der Prozess wird auch thermische Konvektion genannt. Konvektionswolken sind Haufenwolken (Cumulus) und große Regen- und Gewitterhaufenwolken (Cumulonimbus). Gleitet feuchtwarme Luft über Kaltluft, bzw. schiebt sich die Kaltluft unter Warmluft, entsteht eine so genannte Frontbewölkung. Es bilden sich dabei überwiegend Schichtwolken wie Cirrostratus, Altostratus und Nimbostratus. Eine andere Art der Wolkenentstehung ergibt sich, wenn Luftmassen durch Hindernisse, wie beispielsweise Berge, gezwungen werden, aufzusteigen und damit abkühlen. Diese so genannte Staubewölkung erzeugt Quell- und Schichtwolken. Wiederum durch vertikale Durchmischung formen sich Turbulenzwolken in Form von Stratusbewölkung. Eine letzte Form der Wolkenbildung ist die durch Wellenbildungen in der Atmosphäre. Atmosphärische Wellen entstehen durch die Verteilung und Verlagerung von warmen und kalten Luftmassen, sowie durch Erhebungen, wie Gebirge sie darstellen. Auf der Rückseite eines von Luftmassen angeströmten Gebirges bilden sich die so genannten Leewellen. Die entstehenden Wogenwolken sind wellenförmige Haufenwolken niedriger Höhe (Stratocumulus undulatus) und

Nach einem warmen Sommer folgt meist schon Mitte September die Entlaubung der Bäume.

mittelhohe, linsenförmige Haufenwolken (Altocumulus lenticularis), die typischen Föhnwolken.

Vier Wolkenfamilien

1. Die hohen Wolken (Cirrus, Cirrocumulus, Cirrostratus), die im Mittel in Höhen zwischen 5 und 13 Kilometern Höhe vorzufinden sind.

2. Die mittelhohen Wolken (Altocumulus,

Altostratus), die sich im Bereich zwischen 2 und 7 Kilometern Höhe bewegen.

3. Die tiefen Wolken (Stratocumulus, Stratus), welche zwischen 0 und 2 Kilometern Höhe auftreten.

4. Die Wolken mit großer vertikaler Erstreckung (Cumulus, Cumulonimbus, Nimbostratus), die ihre senkrechte Ausdehnung im Bereich von 0 bis 13 Kilometern Höhe haben.

Jede Wolkengattung hat teilweise sehr verschiedene Erscheinungsformen, die man in Art und Unterart unterteilt. Trotzdem, bzw. gerade darum, fällt es auch manchmal Fachleuten schwer, eine Zuordnung vorzunehmen. Im nächsten Kapitel sollen daher zunächst einmal die einzelnen Arten und Unterarten vorgestellt werden.

Die verschiedenen Schichten des Wetters

Entsprechend der Aufteilung unserer Luftschicht in verschiedene Stockwerke gibt es auch verschiedene Schichten, in denen ganz bestimmte Wolkentypen vorkommen. Zwischen den einzelnen Schichten bestehen Verbindungen durch Aufwärts- oder Abwärtsbewegungen, die wiederum Ursache dafür sind, dass Wolken sich über verschiedene Stockwerke erstrecken können. Wie wir gesehen haben, steigt wärmere oder leichtere Luft auf, die kalte oder schwerere Luft dagegen sinkt nach unten. Das geht so lange, bis ein Gleichgewicht erreicht ist, die Luftmasse im Idealfall die gleiche Temperatur wie ihre Umgebung hat. Dadurch ergeben sich oft Wolkenschichten in gleicher Höhe über große Strecken hinweg. Diese Schichtwolken zeigen dann, dass die Luftmasse stabil ist und nur durch den Wind in Bewegung gehalten wird. Das könnte man an einem losgelassenen Luftballon gut beobachten, wenn man seine Höhe und seine Bewegung messen könnte: Zuerst steigt er schnell und fast senkrecht nach oben, dann wird er vom Wind erfasst, der mit zunehmender Höhe immer kräftiger bläst. Schließlich wird seine Bewegung langsamer und langsamer, weil die Luft in dieser Höhe immer leichter wird, bis er schließlich auf fast gleicher Höhe bleibt und nur noch waagrecht weitertreibt. Die horizontalen und vertikalen Luftbewegungen prägen unsere vier Wolkenfamilien.

Cirrus (Ci)

Die höchsten Wolken sind die Cirren, nach ihrem typischen Aussehen auch Federwolken genannt. In der Höhe, in der sie sich bilden, ist es so kalt, dass sie nur aus Eiskristallen bestehen. Von der Erde sehen sie wie Fäden oder Fasern aus und weil sie von der Sonne durchleuchtet werden, sind sie rein weiß.

Auch der Cirrostratus, ein milchig-weißer Wolken-
schleier, wird noch von der Sonne durchleuchtet,
allerdings ist die Strahlung insgesamt gedämpft.
Der Cirrocumulus besteht ebenfalls vorwiegend aus
Eiskristallen, bildet aber kleinste Wolkenballen wie
die Schäfchenwolken, allerdings in größter Höhe. Oft
sind die kleinen Wolkenbällchen auch zu Bändern
zusammengewachsen.

Altocumulus, Altostratus (Ac, As)

Darunter folgen die mittelhohen Wolken, die durch
das Wort „Alto" charakterisiert werden: Altocumulus
und Altostratus. Die „Schäfchenwolken" des Altocumulus erscheinen „wattiger" als die höheren, nur am
Rand werden sie noch von der Sonne durchleuchtet,
im Inneren erscheinen sie dunkelgrau. Diese Wolken
sieht man häufig an unserem Himmel.

Stratus (St)

Das unterste Wolkenstockwerk wird von Stratuswolken gebildet, es erscheint dann eine triste, graue Wolkenmasse, die meist mit Regen verbunden ist, im
Winter mit feinem Schneefall und bei der oft die Spitzen der Kirchtürme oder Hochhäuser in den Wolken
verschwunden sind. Beim Stratocumulus kommt zu
horizontalen Ausdehnung noch eine vertikale Auf-
wärtsbewegung oder Absinkvorgänge dazu, die die

Wolkenschicht untergliedern. Sie scheint dann in Schollen oder graue Ballen zerrissen zu sein. Dieser Wolkentypus ist der häufigste bei uns.

Cumulus (Cu)

Die letzte Großfamilie sind die senkrecht ausgedehnten Wolken, die mehrere Stockwerke überschreiten. Wichtigster Vertreter ist der Cumulus mit Unterfamilie. Er wird auch Quellwolke genannt, was zum einen sein Aussehen kennzeichnet – wie bei einem Blumenkohl quellen einzelne Wolkenteile aus der Grundwolke hervor – und zum anderen auch auf seine Entstehung hinweist: dass Luft aufsteigt, zur Wolke aufquillt und dabei Wasserdampf kondensiert. Die Untergrenze ist meist wie gerade abgeschnitten (sie kennzeichnet die Höhe des Kondensationsniveaus), die Obergrenze wird durch hügelartige Ausbuchtungen gebildet, die sich scharf gegen den Himmel abheben. Besonders eindrucksvoll sieht man diesen Wolkentyp vom Flugzeug aus: Dann kann man erst erahnen, über welche vertikalen Höhen sich diese Wolken erstrecken. Die größte Ausdehnung durch alle Stockwerke hindurch hat der Cumulonimbus, der von der untersten Schicht bis in höchste Höhen reicht. In seiner klassischen Form sieht er wie ein Amboss auf einem knorrigen Holzklotz aus: Die dichten unteren Wolkenpartien werden von Wassertröpfchen gebildet, die oberen Bereiche, die faserig von der Wolke wegstreben, sind

Eine Mischung aus Cumulus- und Altocumuluswolken.

Eiskristalle. Seine Form ist so beeindruckend, dass er zum beliebtesten Motiv der Wetterfotografen gehört: Über einem bedrohlich dunklen Fuß wölbt sich, sofern die Sonne darauf scheint, der helle Wolkenturm mit seinen fahnenähnlichen Spitzen. Befindet sich die Wolke aber direkt über uns, so wird es dunkel und finster: Wir sehen nur noch eine undurchlässige Wolkenmasse, ein gewaltiger Regen geht danieder, meist von Donner und Blitz begleitet.

Oft bringen diese Wolken auch die gefürchteten Hagelschläge. Eine Aufteilung in die einzelnen Arten und Unterarten mit deutscher und lateinischer Bezeichnung finden Sie im „Wetter-Wissen" mit den gebräuchlichen Abkürzungen. Einige Wolken, beispielsweise die beiden Sorten der Haufenwolken (Cumulus, Cu und Cumulonimbus, Cb) können Sie auch ohne Übung erkennen.

Nehmen Sie dieses Buch ruhig mit in die freie Natur, Sie können im Zweifelsfall dann immer nachsehen. Wolken tauchen niemals zufällig auf. Immer sind sie mit einem bestimmten Stadium des Wettergeschehens verbunden und lassen dadurch Schlüsse auf die Weiterentwicklung zu. Nachfolgend sollen die typischen Wetterentwicklungen aus der Perspektive des Betrachters am Boden einmal aufgezeigt werden.

Klassisches Hochdruckwetter

Das Barometer zeigt seit drei Tagen hohen Luftdruck an, beispielsweise 1025 hPa, ohne größere Veränderungen und nur durch ein paar Schönwetterhaufenwolken, die durch die sich in der Höhe abkühlende, vorher aufgestiegene Warmluft entstanden sind, wird unser Blick in den blauen Himmel etwas getrübt.

Wir können auf dem Thermometer beobachten, dass morgens kurz vor dem Sonnenaufgang die Temperatur am niedrigsten und zwei Stunden nach Sonnenhöchststand am höchsten ist.

Im Sommer schwankt die Temperatur unter Hochdruckeinfluss an einem Tag durchschnittlich um 15 Grad, im Winter durch die geringere Sonnenschein- dauer und den niedrigen Strahlungswinkel jedoch wesentlich weniger.

Die relative Luftfeuchtigkeit liegt in einem Hoch- druckgebiet teilweise unter 40%, sie ist während der höchsten Tagestemperatur am niedrigsten. Morgens erreicht die Luftfeuchtigkeit dabei ihren höchsten Stand. Bei Erreichen des Taupunktes bilden sich dann oft Frühnebel, die sich im Sommer schnell wieder auf- lösen, aber im Winter mitunter den ganzen Tag beste- hen bleiben. In einem Hochdruckgebiet weht in der Regel auch nur ein schwacher Wind.

Eine Wetterprognose ist in diesem Fall sehr einfach. Tauchen keine besonderen Wettererscheinungen, zum Beispiel Federwolken auf, wird das Wetter auch in den nächsten Tagen so bleiben. Trefferquote: 100% !

Ein Tief zieht heran

Irgendwann endet auch einmal das schönste Hoch- druckwetter. Das geschieht durch ein herannahendes Tiefdruckgebiet, dessen Warmfront auf die nun alte Kaltluft aufgleitet. Nicht nur der abnehmende Luft- druck signalisiert das Geschehen. Schon 500 bis 1000 Kilometer vor der Bodenfront tauchen die ersten Vor- boten am Himmel auf. Es sind faserige oder hakenför- mige Federwolken, die sich zunehmend zu hoher

Schichtbewölkung (Cirrostratus) verdichten. Die Luftfeuchtigkeit steigt. Allmählich bilden sich aus der
nach unten anwachsenden Wolkenschicht mittelhohe
Schichtwolken (Altostratus) aus. Die Altostratuswol-
ken werden zusehends dichter und dicker. Es beginnt
zu regnen und die Wolken wandeln sich durch weitere
vertikale Ausdehnung in die Tiefe zu Regenschichtwolken (Nimbostratus) um. Durch die Verdunstung
des Niederschlags bilden sich unterhalb der geschlos-
senen Wolkendecke zusätzlich Wolkenfetzen (Fracto-
stratus), die sich nur ein paar hundert Meter über dem
Boden bewegen. Es regnet jetzt ausgiebig und oft
lange. Die Temperatur steigt jedoch recht langsam, da
durch die am Boden befindliche Kaltluft eine stabile
Schicht existiert, die erst langsam durchmischt wird.
An der Front tritt ein kräftiger Wind auf, der nach-
lässt, wenn die Frontseite durchgezogen ist. Auch der
Luftdruckabfall verringert sich nach dem Frontdurchzug drastisch und kommt sogar zum Stillstand. Der
geschilderte Vorgang tritt oft in allerlei Variationen
auf, auch was die Wolken betrifft, ist aber zumindest
bei einem jungen Tief genauso. Vorausgesetzt ist
auch, dass das Tief mit seiner Warmfront sich nördlich
von uns bewegte, was tatsächlich auch fast immer der
Fall ist. Die hier beschriebenen Wettererscheinungen
beim Durchzug einer Warmfront laufen auch sehr ähnlich ab, wenn sich eine Kaltfront unter eine Warmfront schiebt. Diese Form der Kaltfront wird daher

*Ein Fußbad in der Nordsee fällt im Juni meist recht kühl aus.
Das Meer ist ein Wärmespeicher, der im Herbst an der Küste
noch nachwärmt. Im Frühjahr hingegen hemmt das noch kalte
Meerwasser die Erwärmung der Küste.*

auch passive Kaltfront genannt. Mit dem oben
beschriebenen Durchzug einer Warmfront ist das Tiefdruckgebiet jedoch längst noch nicht entschwunden.
Nach dem Warmsektor, mit dem oben schon beschriebenen Stagnieren des Luftdruckabfalls, begleitet von
Haufenwolken (Cumulus, Stratocumulus und Altocumulus), folgt nämlich mit heftigen Wetterreaktionen
die aktive Kaltfront. Eine aktive Kaltfront zeichnet
sich durch ihr Vordringen auch in höheren Schichten

aus, was durch das heftige Aufsteigen der Warmluft zur Bildung von riesigen Haufenwolken (Cumulus und Cumulonimbus) führt. Am Boden ist vor dem Eintreffen der Kaltfront zuerst einmal ein fallender Luftdruck zu registrieren. Am Himmel sind Federwolken und vor allem von Westen oder Nordwesten aufziehende, drohend erscheinende Regen- und Gewitterwolken (Cumulonimbus) zu erkennen.

Die Temperatur sinkt dabei. Ist die Kaltfront über dem Beobachter angelangt, fällt aus der Regenbewölkung, die nicht nur aus mächtigen Haufenwolken, sondern auch aus Regenschichtwolken (Nimbostratus) bestehen kann, teilweise heftiger schauerartiger Niederschlag. Der Luftdruck steigt währenddessen plötzlich wieder an, manchmal sogar sehr stark und es weht ein stürmischer, böiger West- bis Nordwestwind. Sind unter den Cumulonimbuswolken auch Wolkenfetzen zu erkennen, dann ist ein Gewitter sehr wahrscheinlich. Gewitter treten bei Durchzug einer Kaltfront zwar häufiger auf, jedoch nicht zwangsläufig.

Nach dem Durchzug der Kaltfront klart es rasch auf, obwohl das so genannte Rückseitenwetter sehr wohl noch Regen in Schauern bringt. Dies gilt umso mehr, da durch die aufströmende Warmluft, die in der Höhe durch die eingerückte Kaltluft schnell abkühlt, immer noch Haufenwolken mit sehr großer vertikaler Ausdehnung entstehen, die heftig abregnen können. Hinter der Kaltfront nimmt der Luftdruck weiter zu. Der

Wind weht teilweise kräftig aus Nordwest und die Temperaturen sinken noch.
Schließlich verlässt das Tiefdruckgebiet unseren Bereich und es entsteht ein Hochdruckgebiet.

Hoch und Zwischenhoch

Doch Vorsicht, es kann sich dabei um ein Zwischenhoch handeln, das sich nur zwischen zwei Tiefdruckgebieten befindet. Nicht selten folgen nämlich in unseren Breiten mehrere Tiefdruckgebiete aufeinander. Ein Zwischenhoch ist jedoch relativ leicht von einem „echten" Hoch zu unterscheiden. Bei der Entwicklung eines Hochdruckgebietes nimmt nämlich der Luftdruck im Gegensatz zum Zwischenhoch langsam, aber kontinuierlich zu, über Tage. Außerdem steigt der Luftdruck in einem Zwischenhoch zwar relativ schnell, aber nicht auf sonderlich hohe Werte. Das Wettergeschehen beim Durchzug okkludierter Fronten, also wenn sich bei einem schon etwas älteren Tiefdruckgebiet die Kaltfront mit der Warmfront vereinigt, hängt ganz von der Okklusionsart ab. Ist die Rückseitenkaltluft kälter als die Vorderseitenkaltluft, dann entsteht eine Kaltluftokklusion, die im wesentlichen beim Durchzug in ihrer Erscheinung einer Kaltfront gleicht. Ist die Rückseitenkaltluft wärmer als die Vorderseitenkaltluft, dann sind die Wetterereignisse beim Durchzug der Front dieser Warmluftokklusion den Erscheinungen einer Warmfront sehr ähnlich. Mit dem jetzt erworbenen „Rüstzeug" können wir uns anschließend den jahreszeitlich bedingten, typischen Wetterlagen widmen, deren Kenntnis eine bessere Prognose ermöglichen.

Die Jahreszeiten des Wetters

Als Wetterlage wird der Wetterzustand über einem Gebiet verstanden, der kurzfristig besteht. Nach jahrelanger Beobachtung des Wettergeschehens lässt sich aber feststellen, dass nicht nur jahreszeitlich bedingt, Wetterlagen oft über viele Tage erhalten bleiben. Da sich diese mehrtägigen Wetterlagen durch eine entsprechende Luftdruckverteilung in unserem Bereich über den Raum Europa und des angrenzenden Atlantiks ergeben, spricht man jeweils auch von einer Großwetterlage. Diese Großwetterlagen werden nach der Zirkulationsform und den damit verbundenen Luftströmungen bestimmt, die aus den nahezu ortsfesten Positionen von Hoch- und Tiefdruckgebieten und den damit verbundenen Frontalzonen zur Zeit einer solchen Großwetterlage resultieren. Gleichwohl wird zur Bestimmung einer Großwetterlage auch der Witterungscharakter über Mitteleuropa herangezogen, der entweder zyklonal (Tiefdruckgebiet) oder antizyklonal (Hochdruckgebiet) ist. Für den europäischen Raum wurden im Laufe der Zeit 29 verschiedene Großwetterlagen ermittelt, die sich wiederum in acht Großwettertypen untergliedern lassen.

Diese sind:

West (W), Nord (N), Ost (O);
Süd (S), Südwest (SW),
Nordwest (NW), Tief Mitteleuropa (TM) und
Hoch Mitteleuropa (HM).

Diese Großwettertypen basieren auf den Richtungen der Luftströmungen, wie sie in Mitteleuropa einfließen, bzw. auf der Lage von Hochdruck- und Tiefdruckgebieten. Großwettertypen mit westlicher Strömung (W,NW,SW) treten am häufigsten auf. Im Sommer und im Winter zu 45 bis 50%, im Frühjahr zu 28% und im Herbst zu 40%. Damit ist Mitteleuropa stark von Einflüssen des Atlantiks und der Nordsee geprägt (maritim). Als Resultat sind die Sommer in Mitteleuropa im Verhältnis zur geographischen Breite eher kühl und die Winter vornehmlich mild.

Bauernregeln – treffen sie zu ?

An dieser Stelle möchte ich auch einmal auf die Bauernregeln zurückgreifen, die häufig auf Großwetterlagen zu bestimmten Tagen des Jahres bezogen sind und damit durchaus auch nicht selten zutreffen. Allerdings gilt das ganz sicher nicht für jede Bauernregel.

Menschen und Tiere sind wetterfühlig. Schäfer erkennen
Wetteränderungen nicht nur durch ihre eigene Beobachtung,
sondern auch am Verhalten ihrer Tiere.

Regeln, die sich auf das Wetter bei Vollmond oder den
Hahn auf dem Misthaufen beziehen, darf man getrost
in das Reich der Phantasie delegieren, wenngleich sie
manchmal rein zufällig auch zutreffen. Würde ich
zum Beispiel behaupten, „Fliegt ein Düsenjäger nach
Ost, gibt's in der Nacht wohl Frost", hätte ich damit
im Winter sehr oft recht, denn erstens kann man einen
Düsenjäger am Himmel nur erkennen, wenn dieser
auch einigermaßen wolkenfrei ist, und in wolken-
freien Winternächten friert es sehr oft, und zweitens

ist Frost in einer Winternacht sowieso nicht ganz unwahrscheinlich. Seriöser ist da schon die Siebenschläferregel, die mit dem Stichtag 27. Juni entweder weiterhin schönes Wetter oder wechselhaftes, regnerisches und kühles Wetter für sieben Wochen prophezeit. Tatsächlich stellt sich ungefähr zu diesem Zeitpunkt in vielen Jahren oft nach einer längeren Wärmeperiode die Zirkulation auf eine Westwetterlage um. Diese wechselhafte Westwetterlage dauert oft auch mindestens sieben Wochen. Grundsätzlich sind aber Bauernregeln mit berechtigtem Argwohn zu betrachten. Da Bauernregeln ohnehin meistens auf Großwettertypen zurückgreifen, lohnt es sich somit, diese näher zu betrachten. Wesentliche Großwettertypen habe ich nachfolgend aufgeführt.

Westlage

Am häufigsten, nämlich zu 28% im Jahresmittel, tritt eine reine Westlage ein. Zwischen dem Azorenhoch und einem nördlich von uns gelegenen Tiefdruckgebiet, dessen Lage sich zwischen Island und Skandinavien befindet, entsteht eine kräftige Westwindströmung, in der viele Tiefdruckgebiete von Westen nach Osten ziehen und uns mit wolkenreicher Meeresluft ein sehr wechselhaftes Wetter bescheren. Im Winter und im Sommer tritt dieser Großwettertyp häufig auf, während er im Mai am seltensten ist. Eine Nordwestlage entsteht, wenn sich das Azorenhoch nach Norden verschiebt und damit Luftströmungen aus Nordwesten zu uns lenkt. Dieser Großwettertyp bringt ergiebige Niederschläge und wesentlich kühlere Luft zu uns, als die reine Westlage und macht 8% im Jahresmittel aus. Zu nur 5% treten Südwestlagen auf, die durch eine Ostlage des Azorenhochs entsteht. Dabei erstrecken sich Keile des Hochs über Spanien hinweg weit in den Osten. Durch den Transport der warmen, aber feuchten Luftmassen aus dem Südwesten zu uns, entsteht ein wolken- und niederschlagsreiches, unbeständiges Wetter, das im Sommer warmes und manchmal schwüles Wetter ergibt und im Winter für eine ungewöhnliche Milde sorgt.

Nordlage

Mit 15% im Jahresmittel sind Nordwetterlagen bei uns recht häufig. Sie basieren auf einer nördlichen Luftströmung, die durch ein Hoch über dem Ostatlantik oder England und einem Tief über dem Baltikum oder der Ostsee entstehen. Mit der nördlichen Luftströmung wird arktische Kaltluft zu uns transportiert, die durch ihre „Reise" über die Nordsee viel Feuchtigkeit mitbringt und zu heftigen Schauern bei uns führt. Im Frühjahr sind Nordlagen häufiger zu beobachten und lassen dann das Frühjahrswachstum der Pflanzen erheblich stagnieren. Das im Volksmund oft zitierte

Aprilwetter mit Kälte und nicht selten auch Schnee, ergibt sich oft aus diesen Nordlagen.

Nordost-, Ost-, und Südostlagen

treten im Jahresmittel zu 16% auf. Die aus östlichen Richtungen einströmenden Luftmassen werden von einem Hochdruckgebiet über Skandinavien und/oder Nordrussland, sowie einem großen Tiefdruckgebiet über dem Mittelmeer zu uns gelenkt. Diese östlichen Großwetterlagen sind oftmals von sehr langer Dauer. Die damit einströmenden kontinentalen Luftmassen bringen uns im Winter häufig sehr starken Frost und im Sommer trockenes und warmes Wetter. Da diese Kontinentalluft trocken ist, treten damit nur selten Niederschläge auf. Ist das Hochdruckgebiet stärker ausgeprägt und hat eine große Ausdehnung, kann diese Wetterlage manchmal wochenlang bestehen bleiben. Der Wind kann dabei manchmal recht stark wehen. Dieser Großwettertyp tritt am häufigsten im Mai auf (27%) und am seltensten im Juli (10%). Da dieser Typ zu 20% im Winter auftritt, entscheidet er letztlich mit der Häufigkeit seines Erscheinens über einen entweder kalten Winter mit Ostlage, oder über einen milden Winter mit vorwiegender Westlage.

Wolken: Keine Schönwetter-Cumulus.
Diese Wolken haben Regen im Gepäck.

Südlage

Zu 9% im Jahresdurchschnitt und damit selten tritt
eine Südlage ein. Sie bildet sich, wenn das Festlands-
hoch sich nur soweit nach Westen erstreckt, dass es
ein entsprechendes Tiefdruckgebiet im Westen nicht
auf den Kontinent lässt. Die südliche Luftströmung
bringt nicht nur sehr warme Luftmassen zu uns, sondern manchmal auch feinen Wüstensand aus der
Sahara, der sich mit Regenschauern auf den Autos

ablagert. Insgesamt ist das Wetter aber eher warm und sonnig, obwohl es im Sommer auch außerordentlich heiß und schwül werden kann. Im Winter sorgt die Südströmung oft für das Gefühl eines Vorfrühlings, der aber nach ein paar Tagen jäh endet.

Tief Mitteleuropa

Der seltenste Großwettertyp ist die Wetterlage „Tief Mitteleuropa". Sie entsteht, wenn ein Tiefdruckgebiet durch die entsprechenden Luftdruckgebilde umher, über Mitteleuropa verbleibt. Dieses kalte und hochreichende Tief sorgt für nasskaltes Wetter. Dieser Großwettertyp tritt im Jahresdurchschnitt mit 3% auf.

Hoch Mitteleuropa

Mit 17% relativ häufig tritt der Großwettertyp „Hoch Mitteleuropa" auf, nämlich in allen Jahreszeiten. Dieses sich über Mitteleuropa fixierende Hochdruckgebiet ist regelmäßig im Herbst zu beobachten und sorgt dann für den berühmten Altweibersommer. In Nordamerika gibt es ein ähnliches Gebilde, dass als Indianersommer bezeichnet wird. Unter diesem Hochdruckgebiet ist es relativ warm. Tritt es im Winter auf, dann gibt es meistens eine stabile Schichtung, in der die am Boden durch Ausstrahlung entstehende Kaltluft wegen des kurzen Tages kaum erwärmt wird und es entsteht eine austauscharme Wetterlage. Da während dieser Wetterlage keine Luft so warm ist, dass sie in die darüber liegende Warmluft aufsteigen kann, führt eine solche austauscharme Situation zu einer Anreicherung der Luft mit Schadstoffen. An der so genannten Inversionsschicht zwischen der kalten Luft und der warmen Luft darüber bilden sich Hochnebel, so dass dieses Wetter am Boden kaum als schön empfunden wird. Andererseits ist die Kaltluftschicht dabei oft von derartig geringer vertikaler Erstreckung, dass in den Mittelgebirgen zugleich sonniges und verhältnismäßig warmes Wetter herrscht. Zusammenfassend stellen die verschiedenen Großwettertypen eine hervorragende Möglichkeit dar, eigene Prognosen zu stellen, die über einen Tag hinausreichen. Dabei ist zu beachten, dass insbesondere die Westlagen, die Ostlagen und der Typ Hoch Mitteleuropa länger verharren, als die anderen. In einer klassischen Westlage treffen die Tiefdruckgebiete dabei regelmäßig in einem 48-Stundenrhythmus auf unser Gebiet, was einem quasi programmierten Wetterablauf entspricht. Natürlich stellen sich nicht immer die aufgeführten Großwetterlagen ein, vor allem dann nicht, wenn sich die Luftdruckverhältnisse durch großräumige Prozesse in der Atmosphäre schnell verändern. Die Hoch- und Tiefdruckgebiete fixieren sich dann weniger als sonst. Andererseits prägen die verschiedene Häufigkeit und die sich oft wiederholende Reihenfolge der Großwetterlagen den Jahresablauf des Wetters in einer Region. Überdies wird das Klima einer Region insbesondere von den Großwetterlagen mitbestimmt. Unser eher mildes, maritimes Klima wird beispielsweise wesentlich von den vielen Westlagen verursacht. Blieben diese aus oder wären Ostlagen hier bei uns mehr vertreten, dann gäbe es viel kältere Winter und wesentlich wärmere Sommer. Auch die Jahreszeiten werden von den Großwetterlagen entscheidend geformt. Der Typ Hoch Mitteleuropa prägt den Herbst, wie der Großwettertyp Nord den April und der Großwettertyp Hoch Mitteleuropa den Mai. Damit sind die immer wiederkehrenden Großwetterlagen- und Typen nicht nur die Grundlagen für manche Bauernregel, sondern auch für jedermann ein ziemlich genauer Maßstab für eigene Prognosen.

Was alles am Himmel zu beobachten ist

Nachdem wir uns mit den Großwetterlagen beschäftigt haben, lenke ich nunmehr das Augenmerk auf die Auswirkungen verschiedener Wettersituationen, den Niederschlag. Zwar ist an vorheriger Stelle des Buches schon sehr genau beschrieben worden, wie und warum sich der in der Atmosphäre befindliche Wasserdampf wieder zu Wasser kondensiert, doch das geschieht in recht vielen Niederschlagsarten. Grundsätzlich wird in der Meteorologie zwischen fallenden und sich absetzenden Niederschlägen unterschieden. Als abgesetzten Niederschlag bezeichnet man Tau, Reif, Nebelniederschlag und die Nebelfrostablagerungen wie Raufrost und Raueis. Alle anderen Niederschläge sind dann fallende, die wiederum in flüssige und feste eingeteilt werden.

Flüssige Niederschläge

Flüssiger Niederschlag ist zuerst grundsätzlich einmal Regen. Doch es gibt sehr wohl verschiedene Regenarten. Sprühregen, oft wird er auch Nieselregen genannt, fällt aus tiefen Stratuswolken und bildet sich aus dem Zusammenfließen der feinsten Tröpfchen in den Wolken. Die fallenden Tropfen haben einen Durchmesser von nur 0,1 bis 0,5 Millimetern. Sprühregen bildet sich immer im Zusammenhang mit relativ feuchtwarmen Luftmassen und ist wenig ergiebig. Der typische Regen wartet mit Wassertropfen auf, die eine Größe zwischen 0,5 und 5 Millimetern hat. Größer als 5 mm im Durchmesser wird ein Regentropfen nicht, da er darüber hinaus aufgrund des Luftwiderstandes beim Fallen auseinander bricht. Grundsätzlich unterscheidet man den Schauerregen vom länger währenden Landregen. Eine Sonderform des Regens ist der Eisregen, welcher durch unterkühlte Wassertropfen (unter 0 Grad Celsius) entsteht und auf dem Boden zu Eis gefriert.

Verfestigte Niederschläge

Bei Niederschlägen in fester Form denkt man folgerichtig zuerst einmal an Schnee. Schnee besteht sowohl aus Einzelkristallen, als auch aus mehreren miteinander verhakten Kristallen. Schneeflocken können dabei beträchtliche Größen von bis zu einigen Zentimetern Durchmesser erreichen. Die Schneekristalle bestehen aus sechsstrahligen Prismen, Sternchen oder Plättchen und diese gibt es in allen Varianten, die durch verschiedene Kältegrade bestimmt sind. Schneegriesel besteht hingegen aus Schneekristallteilchen, die mit einer Eisschicht überzogen sind. Der Durchmesser der Körner ist kleiner als 1 cm. Reifgraupel haben einen Durchmesser von weniger als 5 mm und bestehen aus schneeähnlichen Eisteilchen. Sie fallen bei Temperaturen um den Gefrierpunkt. Frostgraupel fallen bei der selben Temperatur und werden auch gleich groß. Sie sind jedoch halbdurchsichtig, bis zu ihrem milchigen Kern. Eiskörner sind größer als 5 mm, durchsichtig und bestehen aus gefrorenen Regentropfen. Sie fallen bei Temperaturen um den Gefrierpunkt. Eisnadeln sind kleine Eiskristalle, die bei starker Kälte entstehen. Diese kommen nur selten vor. Hagel besteht aus undurchsichtigen Eiskugeln und Klumpen und hat gewöhnlich eine Größe von 5 bis 50 Millimetern. Es stürzten jedoch schon bis zu 10 cm große Eisklumpen vom Himmel und man-

Wolken: Unten sind Altocumulus und in der oberen "Etage"
Cirrocumulus und Cirrus uncinus (Hakencirrus) erkennbar.
Regnerisches Wetter ist im Anmarsch.

cher Hagelschauer vernichtete eine ganze Ernte, zumal Hagel auch im Sommer vorkommt. Er bildet sich zu besonderen Größen heraus, wenn er in der Wolke mehrmals auf- und absteigt. Nach diesem trockenen Exkurs in das feuchte Gebiet der Niederschläge folgt die Beschreibung mehrerer wichtiger Wettererscheinungen, die je nachdem mehr oder weniger häufig in unseren Breiten auftreten und zumindest teilweise von prognostischem Wert sind.

111

Wetterzeichen

Die erste Wettererscheinung die ich hier aufgreife, wird Sie vielleicht in Erstaunen versetzen. Ich meine damit das Licht der Sterne, welches in klaren Nächten zu sehen ist. Dass Sterne funkeln, hat wahrscheinlich jeder schon einmal beobachtet. Das Funkeln entsteht durch die Unruhe der Atmosphäre, hervorgerufen durch thermische Prozesse. Nahe des Horizonts ist das Funkeln grundsätzlich stärker, weil der Weg des Lichts durch die Atmosphäre dort am längsten ist. Umgekehrt ist es direkt über dem Betrachter am geringsten. Zudem ist während intensiver Hochdrucklagen aufgrund der geringen thermischen Bewegungen der Luft das Funkeln wesentlich geringer, als während eines Tiefdruckwetters. Damit ist der Bezug zum Wettergeschehen bereits geschaffen, wenn nämlich die Sterne besonders stark funkeln, ist ein Tiefdruckgebiet im Anmarsch. Auffällig starkes Sternenfunkeln ist somit ein sicheres Zeichen für diesen Wetterumschwung. Ein weiteres Indiz für ein herannahendes Tiefdruckgebiet oder für einen Fortbestand des Hochdruckwetters ergibt sich aus den Farben des Dämmerlichts am Morgen und am Abend. Das gilt auch für Mütter, die ihren Kindern immer noch erzählen, wenn es rötlich dämmere, würden die Engel im Himmel Brot backen. In Wirklichkeit ist das Abendrot auch kein Indikator für einen schönen darauf folgenden Tag. Das trifft nämlich nur dann zu, wenn der Himmel wolkenlos ist und die Dämmerfarben keine weißen und gelblichen Bereiche aufweisen, die durch Staub und aufziehende Feuchtigkeit hervorgerufen werden. Die weißen und gelblichen Teile der Dämmerung weisen tatsächlich auf ein herannahendes Tiefdruckgebiet hin und das wird noch deutlicher, wenn zusätzlich vereinzelt Wolken auftauchen. Eltern, Kinder und Engel sollten sich dann allmählich ihre Regenbekleidung aus dem Schrank nehmen. Der als wohlwollendes Zeichen Gottes in die Bibel eingegangene Regenbogen hat für das Wetter keineswegs eine solch positive Besetzung. Zwar sieht ein Regenbogen in seinen Naturfarben wunderschön aus, die Sonne steht übrigens immer hinter dem Betrachter, falls dieser sich dem Regenbogen zugewendet hat, aber diese durch Brechung der Lichtstrahlen in Regentropfen entstandene Schönheit verheißt eher weiteren Regen. Dies gilt umso mehr, wenn der Beobachter den Regenbogen am Vormittag im Westen sieht. Regenwolken im Westen verheißen die Regenschauer eines Tiefdruckgebietes. Ein Regenbogen braucht zum Leben nun einmal Regen und auch die Sonnenstrahlen täuschen darüber nicht hinweg. Es kann jedoch geschehen, dass nach einem Regenbogen ein Zwischenhoch folgt.

"Halo"-Erscheinungen, also Ringe um Sonne und Mond, treten zu jeder Jahreszeit auf und basieren auf der Lichtbrechung an Eiskristallen. Die dünnen Eiswolken, die in großer Höhe dafür verantwortlich sind, deuten nicht zwangsläufig auf eine Wetterverschlechterung hin, denn auch während der Hochdruckwetterlagen verschleiern zeitweilig zarte Cirren den Himmel. Verdichten sich aber die Cirruswolken, dann kündigt das schon ein Tiefdruckgebiet an. Ähnlich verhält es sich mit den so genannten Höfen um Sonne und Mond. Treten diese Höfe in mittelhohen Schichten auf, ist ein Wetterumschwung sehr nahe.

Gewitter

Eine gar nicht so seltene Erscheinung sind Gewitter. Der Aufzug eines Gewitters wird durch einen kräftigen Fall des Luftdrucks angekündigt und die aufziehenden Gewitterwolken (Cumulonimbus) sind als riesige Türme mit plattem „Dach" schon von weitem auszumachen. Doch Gewitter ist nicht gleich Gewitter. Einerseits gibt es Frontgewitter, die mit einer Kaltfront aufziehen und andererseits örtliche Wärmegewitter, die in keiner Weise eine Wetterveränderung einleiten. Die Gewitterwolken eines Wärmegewitters entstehen durch das Kondensieren schnell aufsteigender, feuchter Warmluft, die durch starke Sonneneinstrahlung und der damit einhergehenden intensiven Verdunstung verursacht wird. Eine Folge ist die oft unerträgliche Schwüle vor einem Wärmegewitter, die

allerdings im Sommer auch die Frontgewitter begleitet. Ein Wärmegewitter dauert meistens kaum länger
als zwei Stunden, in denen gewaltige Mengen Regen
und Hagel fallen können.

Blitz und Donner

Die Blitze sind dabei eine Folge der durch das
schnelle Aufsteigen der Luft entstandenen statischen
Ladung mittels Reibung mit Wasser- und Eisteilchen
der Wolke. Der Donner entsteht durch den riesigen
Druck im Blitzkanal, der sich explosionsartig Raum
schafft. Die ungefähre Entfernung eines Gewitters
vom Beobachtungsort lässt sich leicht ausrechnen.
Dass das Licht des Blitzes sich mit einer Geschwin-
digkeit von 300.000 km pro Sekunde bewegt und
darum sofort sichtbar ist, zählt man nur die Sekunden
bis zum Eintreffen des Donners. Da die Schallwellen
sich mit 330 m pro Sekunde bewegen, ergibt sich die
Entfernung des Blitzes vom Betrachterstandort aus
der Multiplikation der Sekunden mit 330. Trifft also
der Schall 10 Sekunden nach dem Blitz ein, war der
Blitz 3,3 km vom Betrachter entfernt. Nach einem
Wärmegewitter, das häufig am Spätnachmittag oder in
der Nacht auftritt, folgt meistens ein ebenso schöner
und heißer Tag wie zuvor und nicht so selten auch
wiederum abends ein Wärmegewitter. Dieses Schau-
spiel kann sich mehrfach wiederholen. Während Wär-

megewitter ausschließlich im Sommer vorkommen,
können Frontgewitter, begleitet von stürmischem
Wind und Schnee auch im Winter auftreten, auch
wenn das selten ist.

Was nutzt uns das Wetter ?

Den Nutzen des Wetters hatten schon unsere Ahnen
erkannt und manche Naturvölker beten noch heute
ihren Wettergott an. In den großen Steppen Afrikas
beispielsweise dringen auch heutzutage noch manche
Schreie eines Regenbeschwörers in den Himmel,
begleitet von einem Regentanz und den Hoffnungen
eines ganzen Stammes. Das Ausbleiben oder Kommen
des ersehnten Regens entscheidet dort noch über die
Möglichkeit des Einbringens einer sowieso schon kar-
gen Ernte oder das Wachsen der Pflanzen für eine
allzu oft magere Herde von Nutztieren. Doch auch das
in der christlichen Religion verankerte Erntedankfest
und manches Gebet für eine vom Wetter abhängige
gute Ernte drücken sehr deutlich die noch bestehende
Abhängigkeit vom Wetter aus. Da, wo der Mensch auf
die großen Kreisläufe der Natur keinen bestimmenden
Einfluss hat, versuchte er es mittels seines Glaubens.
Doch die Schar der Gläubigen auf dieser Welt
schrumpft und damit auch der Respekt und die
Würde, welche die Naturvölker für die Umwelt in
ihrem Lebensraum hatten. Nicht nur die Indianer

Nordamerikas behandelten die Natur einst dankbar, denn sie gab ihnen alles, was sie zum Leben brauchten. Ihre einfache, aber gesamtheitliche Auffassung von ihrer Umwelt, die sie als etwas Lebendiges betrachteten, ließ sie früh an der Kultur der Weißen zweifeln. Die Prophezeiung eines Indianerhäuptlings, der vor den Folgen der Umweltverschmutzung warnte und daran erinnerte, dass man Geld schließlich nicht essen kann, haben sich die Umweltschutzorganisationen auf ihre Fahne geschrieben. Spät, hoffentlich nicht zu spät, entdeckte man auch in den Industrieländern, dass der sinnvolle Umgang mit der Natur nicht durch die Regeln des Profits ermöglicht wird. Eine ausgebeutete Natur bringt zuletzt auch dem Menschen keinen Nutzen mehr. Außerdem wuchs in den letzten Jahren wieder der Respekt vor den Reaktionen der Natur, weil extreme Unwetter und Naturkatastrophen diesbezüglich böses ahnen ließen. Vielleicht begreift die Menschheit rechtzeitig, dass ihr die Umwelt nur langfristig nutzen kann, wenn sie diese auch für die Zukunft schont.

Der Wasserkreislauf

Der Nutzen des Wasserkreislaufes für das Trinkwasser, die Bewässerung der Felder und Wiesen und damit indirekt über das Pflanzenwachstum für die Nahrungskette des Menschen ist unbestritten. Trotz-

dem birgt dieses System über eine weitflächige Verteilung von Schadstoffen auch die Gefahr der Selbstver-
giftung. Ebenso betrifft das die Luftzirkulationen und
die Meeresströmungen. Dabei hätten wir Menschen
allen Grund dankbar zu sein, denn die Geschichte der
Menschheit ist auch die Geschichte der Nutzung der
Natur. Ohne einen Blitz hätte die Menschheit womög-
lich nie das Feuer, ohne geregelten Wasserkreislauf
nie die Landwirtschaft und ohne Wind und Meeresströmungen nie andere Kontinente entdeckt.

Der Wind

Der Spruch „Navigare necesse est" entstand schließlich nicht im Zeitalter der Motorschifffahrt, sondern
zu der Zeit, als in früheren Jahrhunderten Menschen
mittels ihrer Segelschiffe Handel trieben und zu den
großen Forschungsreisen aufbrachen. Der Treibstoff
„Wind" kostete nichts und schonte die Umwelt. Nachdem in den letzten Jahrzehnten nur noch Freizeitsegler
zum „Nulltarif" die Meere befuhren, gibt es in der
letzten Zeit wieder Ansätze, Schiffe aus Ersparnis-
gründen zumindest zusätzlich mit Segeln auszustatten.
Mittlerweile befahren vereinzelt Fracht- und Kreuz-
fahrtschiffe mit computergeregelten Segeln die
Ozeane. Doch auch in anderer Hinsicht wird der Wind
immer intensiver genutzt. Nachdem schon seit dem
19. Jahrhundert in den USA Windkrafträder das Was-

ser in die Viehtränken pumpten, treibt man mittlerweile auch Stromgeneratoren mit ihnen an. An der Nordsee, aber auch im Binnenland, nutzen mittlerweile hunderte von diesen „Kleinkraftwerken" die natürlich Energie des Windes und die Zahl derer, die sich für diese alternative Energie entscheiden, wird immer größer. Windenergie steht in schier unbegrenzter Menge zur Verfügung. Da der durch die Windenergie erzeugte Strom durch einigermaßen preiswerte Windgeneratoren zwar zur Versorgung des Haushaltes, nicht aber zusätzlich zum Heizen reichte, suchte ein findiger Tüftler nach einer entsprechenden Lösung und fand sie auch. Der erzeugte Strom wird nach seinem Verfahren einem Elektrolysegerät zugeführt, das durch Anlegen einer Spannung aus einfachem Wasser den Wasserstoff herauslöst. Zusätzlich entsteht dabei Sauerstoff. Mit dem gewonnenen Wasserstoffgas kann man hervorragend Kochen, aber auch einen Heizungsbrenner betreiben. Das Gas muss lediglich in besonders gut abgedichteten Behältern und Leitungen transportiert und gelagert werden, da Wasserstoff sehr leichtflüchtig ist und sich schnell mit Sauerstoff zum explosiven Knallgas verbindet. Immerhin macht diese Methode die komplette Versorgung von Haushalten möglich, wenn zusätzlich für windstille Tage Akkus geladen werden.

Leider verursacht eine "Überdosis" an Windkraftanlagen inzwischen zum Teil eine Zerstörung des gewachsenen Landschaftsbildes und eine zunehmende Erhöhung des Strompreises. Es ist wie mit der Medizin, eine Überdosis schadet eher, als dass sie nützt.

Sonnenenergie

Die Sonnenstrahlen des schönen Wetters nutzen „Solarzellen", die Lichtenergie direkt in Strom umwandeln. Der Nutzungsgrad dieser Zellen ist momentan, zumal im oft wolkenverhangenen Europa, noch relativ gering, aber man arbeitet derzeit in den Labors an effektiveren Solarzellen, die auch jene Teile der Sonnenstrahlen mitnutzen sollen, die bisher nicht zur Stromerzeugung in diesen Zellen beitrugen. Eine höhere Effektivität ist auf jeden Fall zu erwarten. Viele automatische Relaisstationen und mittlerweile auch eine Menge Seefahrtstonnen arbeiten bereits mit dieser Solarenergie. Eine andere Form der Solarzellen sind jene, die mittels feinster, wasserdurchflossener Kapillaren die Wärme der Sonnenstrahlen direkt ins Wasser aufnehmen. Zumindest zur ergänzenden, sonst sehr kostenintensiven Erwärmung des Heizungswassers, ist diese Form der Energiegewinnung sicher sinnvoll.

Klimatherapie

Ein weiterer Nutzen des Wetters besteht im medizinischen Bereich. So genannte Klimatherapien nutzen die geographisch unterschiedlichen Witterungszonen zur Therapie von Kranken aus. Mittlerweile wird vermehrt auch von Wettertherapien gesprochen, da beispielsweise in einer Region der Einfluss des Waldes auf den Menschen völlig anders ist, als der eines offenen Geländes. Überdies schwankt das Wetter an einem Ort bisweilen erheblich. In der Therapie sind jeweils aber nur bestimmte Wettereinflüsse erwünscht. Das viel beschriebene Reizklima mancher Regionen ist somit durchaus recht wetterabhängig. Zwar weiß man bereits sehr wohl, dass das Wetter den Menschen teilweise erheblich beeinflusst. Damit ist nicht nur die Wetterfühligkeit nach Operationen gemeint. Sehr niedriger Luftdruck führt bei vielen Menschen zu einem Unwohlsein, während höherer Luftdruck bei ihnen eher positiv wirkt. Unbestritten ist auch die Therapie durch kalte Reize, die zur Abhärtung und zu einer Stabilisierung der Thermoregulation des Menschen führt. Häufig werden Asthmatiker an die Nordsee geschickt, während Tuberkolosepatienten früher ins Hochgebirge zur Kur fuhren. Die Heliotherapie, also eine Therapie mittels Sonnenstrahlen, soll durch Anteile der UV-Strahlen gegen Schuppenflechte wirken, was an der Nordsee durch den Salzgehalt der

Luft und des Wassers noch verstärkt wird. Es gibt mittlerweile eine Menge Klimakurorte, die sich auf verschiedene Witterungszonen verteilen. Die Forschung hinkt mit den wissenschaftlichen Beweisen für manche dieser Therapieformen weit zurück, aber eine Wirkung zeigen die Therapien unzweifelhaft. Leider holt die vom Menschen verursachte Umweltverschmutzung ihn sogar in den Kurorten wieder ein, die von den Schadstoffen nicht verschont bleiben und so steigt beispielsweise auch dort die Zahl der durch sauren Regen zerstörten Bäume.

Der Kreislauf der Natur

Die Biosphäre, bestehend aus allen Lebewesen und deren ineinander greifende Lebensvorgänge, bildet mit der Atmosphäre und ihrem Wetter- und Klimageschehen ein geschlossenes Kreislaufsystem, das für die Erhaltung des Lebens existentiell wichtig ist. Schwankungen im Klima und die damit verbundenen Wetterereignisse bewirken tiefgreifende Veränderungen in der Hydro- und Biosphäre. Schon ein paar Grad niedrigere Temperaturen in Europa über mehrere Jahre können den Beginn eines Klimapessimums bedeuten. Klimaschwankungen verursachen immer wieder Veränderungen in Flora und Fauna. Die Stabilität des Kreislaufes zwischen Biosphäre und Atmosphäre muss bisher außerordentlich groß gewesen sein, denn sonst wäre die relativ kontinuierliche Entwicklung der Lebewesen und ihre durch die Evolution verhältnismäßig langsam erfolgende Anpassung an die Umweltbedingungen nicht möglich gewesen. Leben auf der Erde gebe es sonst nicht, bzw. nur auf einem sehr niedrigen Entwicklungsstand. Das Gleichgewicht basiert scheinbar auf sehr vielen, größtenteils noch unbekannten Rückkopplungsmechanismen, die Schwankungen immer wieder im Sinne eines zu schaffenden Gleichgewichts regulieren.

Diese ganzheitliche Betrachtung der verschiedenen Prozesse endet meiner Ansicht nach nicht am oberen Ende der Atmosphäre, dort, wo der Weltraum anfängt. Im Gegenteil, ich denke, dass ohne die Stabilität des Sonnensystems, die wieder in die unseres Milchstraßensystems eingebettet ist, letztendlich die Stabilität der Prozesse auf der Erde nicht möglich wäre. Für das im Moment auf der Welt existierende Leben würde es zum Beispiel das Ende bedeuten, wenn die Umlaufbahn der Erde um die Sonne sich durch eine Instabilität verändern sollte und damit unser Planet seine ideale Entfernung zur Sonne verlieren würde. Die Verhältnisse auf unseren Nachbarplaneten bezeugen das eindrucksvoll. Doch selbst die einzelnen, riesigen Galaxien, die nicht zufällig exakt wie unsere Zyklonen (Tiefdruckgebiete) aussehen, denn auch sie lagern auf Kugeln, unsichtbar und vermutlich nur aus langsam rotierender Gravitationsenergie bestehend, folgen den auch im Kleinen existierenden Gesetzen zur Stabilität und ihre Zyklonenform verrät das nur zu leicht. Welche Art des Ausgleichs und der daraus resultierenden Stabilität sie herstellen, ist bisher noch nicht bekannt. Vielleicht werden dort ja „warme" und „kalte" Gravitationsmassen zur stabilen Schichtung gebracht. Die Physik und Chemie des Universum, bis hin zum Wetter und Klima auf unserer Erde, unterliegen also immer wieder den gleichen Spielregeln, vom Kleinen zum Großen, wie eben zum Beispiel der Regel zur Schaffung von Stabilität. Durch viele Prozesse, beispielsweise die in diesem Buch schon erklärte Eigenschaft der Luft, sich thermisch stabil zu schichten, wird im scheinbaren Chaos des biosphärisch/atmosphärischen Kreislaufs dadurch auch immer wieder ein Ausgleich erreicht. So hat beispielsweise der englische Forscher und Wissenschaftler James Lovelook die Klimaprozesse auch ganzheitlich betrachtet und die „Gaia"-Theorie aufgestellt. Diese definiert „die Evolution der Lebewesen-Arten so eng mit der Evolution ihrer physikalischen und chemischen Umwelt gekoppelt, dass beide zusammen einen einzigen und untrennbaren evolutionären Vorgang bilden". James Lovelock, Mediziner und Biophysiker, benannte den Kreislauf der biologisch wichtigen Elemente mit dem Wort „Geophysiologie". „Gaia" ist eine Abkürzung für seine Hypothese, dass die Gesamtheit des Lebens auf der Erde, kurz Biosphäre genannt, „eine sich selbst regulierende Einheit ist, mit der Fähigkeit, unseren Planeten durch die Kontrolle der chemischen und physikalischen Umwelt gesund zu halten". Unter der chemisch/physikalischen Umwelt versteht er die Atmosphäre, die Ozeane und Meere, aber auch den sonst als leblos aufgefassten geologischen Bereich des Erdmantels. Die Atmosphäre ist seiner Theorie nach „nicht nur ein biologisches Produkt, sondern viel wahrscheinlicher eine biologische Konstruktion: nicht lebend, aber wie das Fell einer Katze, die Federn eines Vogels, oder die papierartige Hülle eines Wespennestes die Erweiterung eines lebenden Systems, dazu geschaffen, eine bestimmte Umwelt zu erhalten". Beachtet man in diesem Zusammenhang, dass der Sauerstoffgehalt der Atmosphäre wahrscheinlich ausschließlich durch Photosynthese von Pflanzen erzeugt wurde und allein der prozentuale Gehalt an diesem Gas seit unglaublich langer Zeit konstant ist, dann muss es folgerichtig auch Funktionen geben, die den Sauerstoffkreislauf der Produktion mittels Pflanzen und des Verbrauchs durch Tiere und Menschen regelt.

Das große Gleichgewicht

Es lehren uns die Naturwissenschaften unmissverständlich, dass jedes Geschehen auch eine Wirkung hat. Selbst der Flügelschlag eines Schmetterlings bewegt in geringem Maße Luft, wie gigantisch jedoch sind dagegen die Auswirkungen durch menschliches Handeln. Zwar scheint im Moment das große Gleichgewicht zwischen Biosphäre und Atmosphäre noch zu funktionieren, doch auch große Seen auf der Erde sind irgendwann, sogar recht plötzlich, einmal gekippt und ihr Gleichgewicht war dahin. Da wir nicht wissen, wie viel wir diesen Gleichgewichtsprozessen zumuten können, ergibt sich eine sehr logische und obendrein lebenswichtige Konsequenz für uns Menschen daraus, nämlich sie so wenig wie möglich zu stören. Wir kennen bisher wenige der untergeordneten Kreisläufe, aber aus diesen wenigen Erkenntnissen haben Menschen offenbar noch nichts gelernt. So essen die Mitteleuropäer auch weiterhin Unmengen Fleisch, obwohl völlig unbestritten ist, dass durch die Haltung der riesigen Mengen Vieh mit der anfallenden Gülle der Boden, die Bäche, die Flüsse und sogar die Meere mit unerträglich viel Nitraten belastet werden und schließlich deren Gleichgewicht zu kippen droht. Die vielen Schadstoffe, die der Mensch gedankenlos in die noch funktionierenden Kreisläufe der Natur gibt, werden ihn zuletzt wieder erreichen. Wahrscheinlich überlebt die Natur die vom Menschen hervorgerufenen Veränderungen, aber der Mensch bestimmt nicht die Veränderungen der Natur, deren Gleichgewicht für ihn lebenswichtig ist.

Eigene Wetterbeobachtungen

Um eigene Wetterprognosen zu wagen ist es nicht nur
wichtig, die Wolken im Gang des Wettergeschehens
zu beobachten, sondern auch die Temperatur, den
Luftdruck, die Luftfeuchtigkeit, die Windgeschwindigkeit und die Windrichtung zu messen. Den Grad
der Bewölkung kann man schätzen und die Art des
Niederschlags sehen. Für die Menge des Niederschlags reicht es aus, sie grob zu schätzen oder einen
einfachen Regenmesser zu verwenden. Für das Wettergeschehen ist, so war es in diesem Buch bereits zu
lesen, nicht nur der Luftdruck, sondern vielmehr seine
Tendenz entscheidend. Die Profis vom Wetterdienst
messen mit sehr genauen Instrumenten zudem die
Niederschlagsmengen und benutzen überdies mehrere
Thermometer in verschiedenen Luft- und Boden-
schichten zur Messung. Mit einem Schalen-Anemo-
meter wird vom Wetterdienst die Windgeschwindigkeit und mit einem Windrichtungsgeber die Windrichtung gemessen. Außerdem wird dort mit einem Son-
nenscheinschreiber die Sonnenscheindauer pro Tag
und mit einer Tauwaage die Taumenge ermittelt. Die
Luftfeuchtigkeit bewerten Meteorologen mit einem so
genannten Psychrometer. Da der Deutsche Wetterdienst sehr genaue Daten für seine Berechnungen mit
dem Computer benötigt, ist der betriebene Aufwand
auch durchaus gerechtfertigt. Obendrein werden so

Nicht immer erreichen Schiffe vor einem Sturm den sicheren Hafen. Der Seewetterbericht lässt erkennen, ob es sich bei einem herannahenden Unwetter um einen durchschnittlichen Sturm oder um einen "Killer" handelt. Noch immer werden Wind- und Sturmstärken auch in Beaufort angegeben.

genaue Klimadaten gewonnen. Für einen Hobbyme-teorologen wäre die Anschaffung all dieser Geräte nicht nur sehr kostspielig, sondern auch durchaus wenig sinnvoll.

Die Beobachtung des Wettergeschehens ist zugleich die Betrachtung eines sehr wichtigen Teils der Natur und mancher Versuch einer Wolkenklassifikation kann

mit einem herrlichen Spaziergang verbunden werden.
Für eigene Prognosen ist es auch wichtig, die verschiedenen Windgeschwindigkeiten wahrzunehmen
und noch besser, sie zu ermitteln. Eine sehr preiswerte
Methode dazu ergibt sich durch die seit dem 1.1.1949
international gültige Beaufortskala. Anhand von Auswirkungen in der Umwelt, kann man so recht genau
die Windgeschwindigkeit feststellen. Die nachfol-
gende Beaufortskala enthält neben den dazugehörigen
Auswirkungen im Binnenland auch die auf See. Für
Küstenbewohner, Segler und Schiffsreisende eine
wertvolle Ergänzung. Die dabei angegebene Windgeschwindigkeit bezieht sich auf 10 m Höhe über offe-
nem und flachem Gelände. Die Windgeschwindigkeit
wird in 13 Stufen von 0 bis 12 eingeteilt. Die Skala
enthält in Reihenfolge den Beaufortgrad, die Bezeichnung, die Windgeschwindigkeit in Knoten (1 Knoten
= 1,852 Kilometer pro Stunde), in Metern pro
Sekunde und in Kilometern pro Stunde, sowie die
Auswirkungen im Binnenland und dann auf See.

Die Beaufortskala

0 - still
Windstille
Rauch steigt gerade hoch.Spiegelglatte See.

1 - leiser Zug
Windrichtung wird durch den Zug des Rauchs, aber
nicht durch Windfahne angezeigt.
Kleine schuppenförmig aussehende Kräuselwellen
ohne Schaumkämme.

2 - leichte Brise
Wind am Gesicht fühlbar; Blätter säuseln;
gewöhnliche Windfahnen vom Winde bewegt
Kleine Wellen, noch kurz, aber ausgeprägter.
Die Kämme sehen glasig aus und brechen sich nicht.

3 - schwache Brise
Blätter und dünne Zweige in permanenter Bewegung;
der Wind streckt einen Wimpel.
Die Kämme beginnen sich zu brechen. Der Schaum
ist glasig. Vereinzelt können kleine weiße Schaumköpfe auftreten.

4 - mäßige Brise
Hebt Staub und loses Papier; dünne Äste werden bewegt. Die Wellen sind zwar noch klein, werden aber länger. Weiße Schaumköpfe treten schon ziemlich verbreitet auf.

5 - frische Brise
Kleine Laubbäume beginnen zu schwanken; auf Seen bilden sich kleine Schaumkämme.
Mäßige Wellen, die eine ausgeprägt lange Form annehmen. Weiße Schaumkämme bilden sich in großer Zahl und vereinzelt kommt auch schon Gischt vor.

6 - starker Wind
Starke Äste in Bewegung;
Pfeifen in Telegrafendrähten; Regenschirme schwierig zu benutzen.
Die Bildung großer Wellen beginnt.
Überall treten ausgedehnte weiße Schaumkämme auf und üblicherweise kommt Gischt vor.

7 - steifer Wind
Ganze Bäume in Bewegung; fühlbare Hemmung beim Gehen gegen den Wind. Die See türmt sich auf.
Der beim Brechen der Wellen entstehende weiße Schaum beginnt sich in Streifen in Windrichtung zu legen.

8 - stürmischer Wind

Bricht Zweige von den Bäumen;
erschwert erheblich das Gehen.
Mäßig hohe Wellenberge von beträchtlicher Länge.
Die Kanten der Kämme beginnen zu Gischt zu
verwehen.
Der Schaum legt sich in gut ausgeprägte Streifen in
Windrichtung.

9 - Sturm

Kleinere Schäden an Häusern, weil Rauchhauben und
Dachziegel heruntergeworfen werden.
Hohe Wellenberge; dichte Schaumstreifen in Wind-
richtung. Das bekannte Rollen der See beginnt.
Gischt kann die Sicht beeinträchtigen.

10 - schwerer Sturm

Kommt im Binnenland selten vor.
Bäume werden entwurzelt; bedeutende Schäden an
Häusern. Sehr hohe Wellenberge mit langen überbre-
chenden Kämmen.
Die entstehenden Schaumflächen werden in so dich-
ten weißen Streifen in Richtung des Windes geweht,
dass die Meeresoberfläche im Ganzen weiß aussieht.
Das Rollen der See wird schwer und stoßartig.
Die Sicht ist beeinträchtigt.

11 - orkanartiger Sturm

Kommt im Binnenland sehr selten vor, wird dann aber von schweren Sturmschäden begleitet.
Außergewöhnlich hohe Wellenberge, hinter denen kleine und mittelgroße Schiffe zeitweise aus der Sicht verloren gehen.
Die See ist völlig von den langen weißen Schaumflächen bedeckt, die in Richtung des Windes verlaufen.
Überall werden die Kanten der Wellenkämme zu Gischt verweht.
Die Sicht ist herabgesetzt.

12 - Orkan

Kommt im Binnenland äußerst selten vor; schwerste Verwüstungen. / Die Luft ist mit Schaum und Gischt angefüllt. Die See ist vollständig weiß vom treibender Gischt. Die Sicht ist sehr stark herabgesetzt.

Mit Hilfe der Beaufortskala können Sie nun ziemlich genau die Windstärke bestimmen.Die Windrichtung können Sie mit einem Handkompass ungefähr bestimmen, indem Sie sich entweder zum Wind hin drehen, oder einen ungefähr 60 cm langen Wollfaden in den Wind halten.

Gemessen wird die Windrichtung möglichst auf einer freien Fläche, da Häuser und andere Hindernisse Veränderungen und Verwirbelungen der Windströmung verursachen. Es reicht wirklich völlig aus, wenn Sie die Windrichtung nach Nord, Nordost, Ost, Südost, Süd, Südwest, West und Nordwest bestimmen. Für die Temperaturmessung eignen sich sowohl die klassischen Quecksilberthermometer, als auch moderne Elektronikthermometer. Sehr praktisch sind Minimum/Maximum-Thermometer, die Ihnen auch die tiefste Temperatur der vergangenen Nacht und die höchste Tagestemperatur verraten. Es empfiehlt sich aber in jedem Fall die Messung im Freien, möglichst von allen Wärmequellen entfernt. So sollten Sie ihren Messstand schon einige Meter vom Haus entfernt aufbauen. Die Lufttemperatur wird in 2 m Höhe gemessen, aber nur im Schatten. Dafür ist der Bau eines Kastens aus Sperrholz ratsam. Beachten Sie dabei bitte, dass sich an den vier Seiten möglichst viele Luftschlitze befinden, durch die aber keine Sonnenstrahlen ins Innere des Gehäuses dringen dürfen. Darum ist es ratsam, die vielen Luftschlitze durch schräg nach außenstehende Leisten als längliche „Sonnenschirme" vor der Sonne zu schützen. Vielleicht schaffen Sie es ja auch, das Sperrholzgehäuse lamellenartig mit Luftschlitzen zu versehen. Das Gehäuse sollten Sie mit wetterfester Farbe weiß streichen. Weiß, weil diese Farbe Wärmestrahlen am besten reflektiert. Ein schwarzes Gehäuse würde sich bald erwärmen und zu Messfehlern führen. In dem auf 2 m Höhe auf einem Pfahl oder ähnlichem angebrachten Kasten können Sie dann die Instrumente unterbringen. Das sollten ein Minimum/Maximum-Thermometer zur Messung der Lufttemperatur und ein Hygrometer zur Messung der relativen Luftfeuchtigkeit sein. Das Barometer können Sie getrost ins Wohnzimmer hängen. Vergessen Sie nicht sich eine kleine Aufsteigemöglichkeit vor dem Wetterhäuschen zu schaffen, denn zwei Meter sind schon recht hoch. Um zu erfahren, ob es am Morgen Bodenfrost gab, reicht es sehr wohl aus, kurz vor Sonnenaufgang nahe des Wetterhäuschens auf den Boden achten. Andererseits können Sie natürlich auch wie der Wetterdienst mittels eines Minimum/Maximum-Thermometers in 5cm Höhe erfahren, ob in der Nacht Frost am Boden auftrat. Wie oft Sie die Messungen durchführen, ist leicht zu beantworten. Je häufiger, desto besser, zumal das Wetter ein fortwährender Prozess ist. Andererseits ist es kaum jemandem möglich, tagsüber zu messen, da viele zu der Zeit arbeiten müssen. Meine Empfehlung ist: Messen Sie einmal morgens, wenn es geht kurz vor Sonnenaufgang, es ist dann schon hell und einmal abends, vielleicht nach Feierabend. Natürlich können Sie das auch immer mit einem Spaziergang verbinden, auf dem Sie das Wetter sozusagen auf sich einwirken lassen. Für Großstadtbewohner sind die Möglichkeiten zum Messen leider oft begrenzt. Aber auch wenn man in einer Etagenwohnung lediglich auf dem Balkon oder am Fenster Messinstrumente anbrin-

gen kann, es lohnt sich doch. Wenigstens der Barometerstand und die relative Luftfeuchtigkeit sind trotzdem genau und die Temperatur ist für Ihren Lebensraum jedenfalls richtig. Schon bei einem Spaziergang in einem nahen Stadtpark kommt auch der Stadtbewohner dem Naturteil Wetter nahe. Messungen sind zur Wetterprognose sehr hilfreich, aber mit längerer Beobachtungspraxis und dem Eingeben in den Naturprozess Wetter entwickelt auch der moderne Mensch noch sehr wohl die Fähigkeit, die Wetterentwicklung zu beurteilen. Das geschieht nach einiger Zeit nicht nur mehr durch den Kopf, obwohl das in diesem Buch vermittelte Wissen eine sehr wichtige Grundlage zum Verständnis ist, sondern irgendwann auch ergänzend wieder durch unser Gefühl. Mit dieser positiven Wetterfühligkeit erwerben Sie wieder etwas zurück, was in unserer Zivilisation schon fast verloren gegangen ist. Natürlich wird das die genaue Beobachtung und damit auch das Messen nicht völlig ersetzen. Aber es funktioniert nach dem Prinzip, dass einer, der jeden Morgen um sieben Uhr aufsteht, nach einigen Jahren auch ohne Wecker ungefähr zu dieser Zeit aufwacht. Der Wecker sind die Beobachtungen und Messungen, das Aufwachen sind die Schlüsse daraus. Wachen Sie ruhig auf, was das Wetter betrifft.
Sie nehmen damit an einem gewaltigen, alles Leben betreffenden Naturgeschehen teil.

Kleines Klima- und Wetterlexikon

Abendrot: Durch ein Überwiegen des roten Lichtanteils hervorgerufene Färbung des Himmels, verursacht von dem langen Lichtweg bei niedrigem Sonnenstand, bei dem der kurzwellige Anteil des Sonnenlichts durch Streuung an Staub- und Dunstteilen herausgefiltert wurde und somit hauptsächlich der Teil des roten Lichtes durchdringt.

Abwind: Von Bergen und Erhöhungen abwärts gleitende Luftmassen, die sich durch nächtliche Abkühlung verdichteten und als schwerere Luftmenge nach unten fließt.

Aerosol: Bezeichnung für eine in sich stabile Struktur aus feinst verbreiteten Flüssigkeiten oder festen Stoffen in einen Gas, beispielsweise Wolken, Rauch oder Nebel.

Albedo: Das Verhältnis zwischen reflektierter und einfallender Sonnenstrahlung.

Anemometer: Windmesser.

Antizyklone: Hochdruckgebiet.

Arides Klima: Klimagebiete, in denen mehr Wasser verdunstet, als Regen fällt.

Atmosphäre: Die Lufthülle der Erde.

Ausstrahlung: Die Abgabe von Wärme von der Erdoberfläche und der Atmosphäre an den Weltraum.

Azorenhoch: Relativ ortsfestes Hoch im Bereich der Azoren, das zum Gürtel der subtropischen Hochdruckgebiete gehört.

Barfrost: Frost auf einem Gebiet ohne Schneedecke.

Barograph: Luftdruckschreiber, der auf einer Uhrwerkstrommel mit Schreibstreifen die Kurven der Luftdruckveränderungen einer Woche aufzeichnet. Der Registrierstreifen wird Barogramm genannt.

Barometer: Instrument zur Messung des Luftdrucks.

Bauernregeln: In Reime gefasste Wetterregeln, die anhand der Witterung eines bestimmten Monats oder eines Tages Prognosen für einen kommenden Zeitraum stellen. Die Bauernregeln basieren auf mittelalterlichen Beobachtungen und ihnen wird heute nur noch wenig Bedeutung beigemessen.

Bergnebel: Wolken, die dem Bergwanderer als Nebel erscheinen.

Biosphäre: Der mit lebenden Organismen besiedelte Teil des Erdmantels, der Gewässer und Meere.

Biosynoptik: Ein Bereich der Medizinmeteorologie, der die Wirkungen des Wetters und der Witterung auf gesunde und kranke Menschen untersucht.

Biotrope Wetterlagen: Wetterlagen, die bestimmte gesundheitliche Störungen statistisch vermehrt hervorrufen.

Blauthermik: Aufsteigen von Warmluftströmen ohne Wolkenbildung.

Blockierendes Hoch: Ein fast ortsfestes in große Höhen reichendes Hoch, das Tiefdruckgebiete blockiert und damit umleitet.

Blutregen: Durch südliche Luftströmungen mitgebrachter Wüstenstaub, meist aus der Sahara, der durch den Regen auf die Erdoberfläche kommt.

Bö: Starker Windstoß.

Bodeneis: Das Eis im gefrorenen Boden.

Bodenfrost: Frost auf Bodentiefe, der in der Meteorologie in 5 cm Höhe über dem Erdboden gemessen wird.

Cynobakterien: auch als "Blaualgen" bezeichnet, gehören zu einzelligen oder Kolonien bildenden Pflanzen, deren Zellwände ähnlich denen der Bakterien strukturiert sind. Durch Photosynthese erzeugen sie Sauerstoff. Sie enthalten u.a. einen blauen Farbstoff und wurden früher zu den Algen gezählt.

Dämmerung: Übergangszeit zwischen Tag und Nacht. In der bürgerlichen Dämmerung steht die Sonne nicht tiefer als 6 Grad unter dem Horizont und in der astronomischen Dämmerung nicht tiefer als 18 Grad.

Diabatischer Prozeß: Alle Prozesse in der Lufthülle, bei denen Luftteilchen von außen Wärme zugeführt oder entzogen wird. Adiabatische Prozesse sind im Gegensatz dazu alle Vorgänge, bei denen sich die Eigenschaft der Luftteilchen ändert, ohne dass ein Wärmeaustausch stattfindet.

Einstrahlung: Die der Atmosphäre und der Erde von der Sonne zugeführte Strahlung.

Emission: Das Abgeben von Schadstoffen an die Luft.

Exosphäre: Die oberste Schicht der Atmosphäre zwischen 500 km und 1.000 km Höhe.

Frosttag: Ein Tag mit Temperaturen unter dem Gefrierpunkt. Die mittlere Zahl der Frosttage wird für die klimatische Bestimmung von Gebieten verwendet.

Heißer Tag: Ein Tag mit einem Höchstwert der Temperatur von mindestens 30 Grad Celsius. Oft wird auch von einem Tropentag gesprochen.

Hochdruckbrücke: Eine Hochdruckzone, die zwei Hochdruckgebiete miteinander verbindet.

Hochdruckkeil: Von einem Hochdruckgebiet ausgehende Zone hohen Drucks, auch manchmal Hochdruckrücken genannt.

Höhenfront: Eine Front mit Luftmassengegensätzen lediglich in der Höhe.

Hydrosphäre: Wasserhülle unserer Erde, die alle Ozeane, Meeren und Binnenseen, das Grundwasser, Schneemassen und Gletschereis umfasst.

Hygrometer: Luftfeuchtigkeitsmesser.

Immission: Die Einwirkung von Schadstoffen auf die Biosphäre, Gebäude, den Erdboden und Wasser.

Inselklima: Das fast ausschließlich vom umgebenden Wasser beeinflusste Klima einer Insel, ohne große Temperaturschwankungen. Das Inselklima ist ein rein maritimes Klima.

Inversion: Statt der normalen Temperaturabnahme mit zunehmender Höhe eine Temperaturzunahme in einer bestimmten Höhe.

Islandtief: Fast stationäres Tiefdruckgebiet im Bereich Islands. Wie das Azorenhoch, ist das Islandtief für das Wettergeschehen in Europa von großer Bedeutung.

Isobaren: Linien gleichen Luftdrucks.

Isolinien: Grundsätzlich alle Linien mit gleichen Werten.

Isothermen: Linien mit gleicher Temperatur.

Kalmen: Windstille oder windarme Orte. Am Äquator befindet sich der Kalmengürtel mit Windstillen und schwachen, umlaufenden Winden.

Kalter Tag: Ein Tag an dem höchstens Minus 10 Grad Celsius gemessen werden.

Klimaflattern: noch nicht abschließend erforschte Klimaeinbrüche im Laufe einer Warm- oder Kaltzeit.

Klimaoptimum: Warmzeit.

Klimapessimum: Kaltzeit.

Kondensation: Die Flüssigwerdung von Gasen, wie zum Beispiel Wasserdampf, durch Abkühlung.

Kohlendioxid: farb- geruchs- und geschmackloses Gas, wichtiger Bestandteil der Erdatmosphäre und natürlicher Bestandteil der Luft; absorbiert (aufnehmen) neben anderen Gasen und Aerosolen die terrestrische Strahlung.

Konvektion: Vertikales Aufsteigen erwärmter Luft, bei gleichzeitigem Absinken relativ kälterer Luft.

Konvektionswolken: Haufenwolken, die durch vertikale Lufbewegungen entstehen, beispielsweise Gewitterwolken.

Kugelblitz: Gegen Ende eines heftigen Gewitters treten diese Blitze in Form einer bis zu fußballgroßen Kugel äußerst selten auf. Die sich erdbodennah fortbewgenden Blitze lösen sich entweder auf, oder explodieren mit einem starken Knall. Die Ursachen für die Entstehung eines solchen Blitzes sind noch unbekannt.

Lokalklima: Klima für einen Raum von 0,1 bis 100 km Durchmesser.

Maskierte Kaltfront: Im Winter eintreffende Kaltfront, deren Luftmassen nicht kälter sind, als die bodennahe Kaltluft und darum nur in der Höhe zur Abkühlung führen.

Meteorologie: Die Physik der Atmosphäre.

METEOSAT: Name der europäischen Wettersatelliten.

Mitternachtssonne: Durch die zur Sonne schräge Achsenstellung im Sommer nicht untergehende Sonne zwischen den Erdpolen und dem 66. Breitengrad.

Normaldruck: Theoretischer Luftdruck in der Normalatmosphäre von 1013,25 hPa in Meereshöhe, der zur Einstellung von Flughöhenmessern benutzt wird.

Okklusion: In einem Tiefdruckgebiet kommt die Kaltfront schneller voran, als die Warmfront. Schließlich vereinigen sich beide Fronten und die vorher zwischen ihnen befindliche Warmluft wird nach oben abgeschnürt.

Photosynthese: Bildung von organischen Stoffen aus anderen organischen Stoffen in Pflanzen unter Beteiligung von Sonnenlicht. Beispiel: die Umwandlung von Kohlendioxid und Wasser in Traubenzucker und Sauerstoff unter Mitwirkung des Sonnenlichts in einer Pflanze.

Polarluftausbruch: Bricht Polarluft durch bestimmte Wetterlagen in die gemäßigten Breiten durch, wird häufig eine längere Kälteperiode eingeleitet.

Polarnacht: Durch die zur Sonne schrägstehende Erdachse entstehende Zeit im Winter, in der die Sonne nicht aufgeht. Die Polarnacht tritt an etwa dem 66. Breitengrad auf und dauert an den Polen jeweils ½ Jahr.

Polartag: Umgekehrte Erscheinung zur Polarnacht.

Randtief: Tochterzyklone eines größeren Tiefdruckgebietes, die sich vergrößern kann und dann eventuell mit der Mutterzyklone verwirbelt.

Rückseitenwetter: Mit der nach dem Durchzug einer Kaltfront nachfließenden Kaltluft einhergehende wechselhafte Situation, in der aus großen Quellwolken Schauer fallen.

Sommertag: Tag mit einem Temperaturmaximum von mindesten 25 Grad Celsius.

Sonnenflecken(tätigkeit): dunkle Stellen auf der Sonnenoberfläche, deren Temperatur niedriger ist, als an anderen Stellen. Der Sonnenfleckenzyklus beträgt 11 Jahre, die Sonnenflecken entstehen durch Veränderungen im solaren Magnetfeld.

Spurengas: Gase in der Luft, die nur einen sehr geringen Anteil ausmachen.

Stalagmiten: Tropfstein, der in Höhlen von unten nach oben wächst.

Tagesgang: Als Tagesgang bezeichnet man die sich im Tagesverlauf verändernden Werte eines meteorologischen Elementes, wie beispielsweise der Temperatur.

Taupunkt: Die Luft kann abhängig von der Temperatur bestimmte Mengen Wasserdampf aufnehmen. Ist die Luft schließlich mit 100% Wasserdampf gesättigt und damit der Taupunkt erreicht. Bei weiterer Wasserdampfzufuhr oder mit Sinken der Temperatur kondensiert der Wasserdampf dann zu Wasser.

Thermik: Nach starker Erwärmung vertikal aufsteigende Luftmengen. Bei genügend vorhandener Luftfeuchtigkeit kondensiert aus der in der Höhe abgekühlten Luft schließlich das Wasser an kleinsten Kondensationskernen und bildet so Wolken, die sich durch immer mehr aufstrebende Warmluft zur Quellbewölkung entwickelt.

Tiefdruckrinne: Nicht von Isobaren durchkreuzte, langgestreckte Zone tiefen Luftdrucks zwischen zwei Tiefdruckgebieten.

Treibhauseffekt: Gasförmige Stoffe nehmen einen Teil der vom Erdboden absorbierten Infrarotstrahlung auf, so dass diese nicht in den Weltraum entweichen kann. Die Gase (Kohlendioxid, Methan, Distickstoffoxid, Fluorchlorkohlenwasserstoff, Schwefelhexafluorid) liegen wie eine "Käseglocke" über der Erde und lassen die Sonnenstrahlen herein. Dadurch erhöht sich die Temperatur wie in einem Glas-Gewächshaus.

Trombe: Kleine Wirbelstürme, die in Form von Windhosen und Wasserhosen auch bei uns vorkommen, aber in den USA als Tornado riesige Dimensionen annehmen und sehr zerstörerisch wirken.

Vertikalzirkulation: Geschlossene Luftkreisläufe mit vertikaler Achse, von regionalen Ausmaßen. Die Seewind- und Landwindzirkulationen werden ihnen zugerechnet.

Vorfrühling: Mitte März häufig auftretende Hochdruckwetterlage mit einer im Verhältnis intensiven Tageserwärmung.

Wärmegewitter: Nicht durch Frontdurchzug, sondern nach Aufheizung und Gewitterwolkenbildung durch Thermik auftretendes sommerliches Gewitter. In längeren Warmluftphasen bilden sich manchmal jeden Tag wiederholend am Spätnachmittag Wärmegewitter.

Wetterleuchten: Blitze entfernter Gewitter, deren Donner auf die große Entfernung nicht zu hören ist.

Zyklone: Tiefdruckgebiet in Spiralform, dessen Drehrichtung auf der Nordhalbkugel entgegen dem Uhrzeigersinn ist und auf der Südhalbkugel entsprechend umgekehrt.

Quellenangaben

Atmosphäre und Mensch – Kurt Bullrich, Umschau Verlag

Brockhaus-Lexikon

Das Wetter – Hartmut Dirks, Max Kraxenberger Verlag

Der Windmühlen Wahn, Der Spiegel Nr. 14/2004

Donnerwetter – Überall Wetter, Brandt, Hellkötter, Klein, Brandt-Verlag

El Nino, Der Spiegel Nr. 42/1997

Gaias Rache - Warum die Erde sich wehrt, James Lovelock, List-Verlag

Goldmann-Lexikon

Klima-Wetter-Mensch, GEO Wissen Nr. 2

Meteorologie – Meyers Kleines Lexikon

Ozonloch über Europa, Der Spiegel Nr. 07/1992

Satellitenbilder, Meteosat, Deutscher Wetterdienst

Sintflut, PM Magazin Nr. 08/1993

Wetter und Klima, GEO Kompakt Nr. 9

Wetterkunde für alle, Günter D. Roth, BLV-Verlags GmbH

Wetterkunde, vom Abendsrot bis zur Zyklone, Günter Heise, Edition Maritim

Wie funktioniert das – Wetter und Klima – Meyers Lexikonverlag

20.000 Jahre Kimawandel und Kulturgeschichte – von der Eiszeit in die Gegenwart, von Wolf-Dieter Blümel, 2002

Das Zahlenwerk der Klimaforscher, von Niels Boeing, 02.02.2007

Frankfurter Allgemeine Zeitung:
Klimahistorie: Planet der dauernden Veränderungen, von Horst Rademacher, 01.02.2007
Klimaforschung: Die Luft muß möglichst rein sein, von Horst Rademacher, 24.02.2007
Welt im Wandel: Das Klima der Erde war zu keiner Zeit stabil, von Christian Bartsch, 02.04.2007
Weltklimabericht: Ihr kennt die wahren Gründe nicht, von Augusto Mangini, 05.04.2007
Die Wahrheit zum Klima, von Stefan Rahmstorf, 09.04.2007
Klimawandel: Wir bauen auf wärmere Zeiten, von Winand von Petersdorff, 18.06.2007
Klimacheck in Karvernen, 21.07.2007

Jenseits der Klimaschlagzeilen: Das sensible Bewusstsein als Chance begreifen, von Chrisian Bartsch, 24.07.2007

Max-Planck-Institut für Meteorologie: Klimaprojektionen für das 21. Jahrhundert

Romseminar 2004: Die Wirklichkeit der Mathematik – Die Wettervorhersage.

Schoolwork.de: CO2-Haushalt

Tagesschau: Interview mit Hans von Storch, Meteorologe, 22.10.2005

Tagesspiegel, Interview mit Jörg Kachelmann, 08.04.2007.

Uni Marburg: Klimapolitik

Wissenschaft.de: diverse Meldungen zum Thema

Wikipedia.de

Wariations in solar luminosity and their effect on the Earth's climate, Nature Nr. 05072, 24.09.2006

Autorenportrait

Hartmut Dirks (* 1954 in Emden/Ostfriesland);
ist ein deutscher Publizist, Journalist und Erwachsenenpädagoge. Er ist Mitglied im Deutschen Schriftstellerverband und wohnt in Bremen.

Studium: Dirks absolvierte ein publizistisches Studium an der Freien Universität Berlin, für das ihm der akademische Grad "Lic. rer. publ." verliehen wurde. An der Fernuniversität Hagen studierte er ergänzend Rechtswissenschaften mit Diziplinen im Straf- Verwaltungs- und Zivilrecht. An der technischen Universität Kaiserslautern studierte er Erwachsenenpädagogik und schloss mit dem internationalen akademischen Grad "Master of Arts" ab.

Ab 1982 war er der Herausgber der Computerzeitschrift "Titus" und bis 1990 Chefredakteur der internationalen Computerzeitschrift MSX / Atari ST-Info des niederländischen Verlages SAC. Gleichzeitig arbeitete er im Hörfunk für den deutschsprachigen belgischen Rundfunk und in Einzelaufträgen für verschiedene deutsche Sender. Vom 9 bis 11. November 1989 berichtete er für fünf deutschsprachige Hörfunksender live aus Berlin vom historischen Ereignis der Öffnung der Mauer. Dirks war von 1991 bis einschließlich 1997 der Herausgeber der Lokalzeitungen "Ihlower Zeitung" und "Krummhörner Blattje". Bis 2005 arbeitete er für eine Nachrichtenagentur, für die er zahlreiche Korrespondentenberichte schrieb.

Seit 1985 arbeitet Dirks auch als Seminarleiter und in der Pädagogischen Praxis in der Erwachsenenbildung. Seit 2007 leitet er den Aufbau des Fernunterricht-Projektes "Hansa-Akademie".

Publikationen (Auswahl): * Das Wetter: Naturraum Wetter. Neu erleben, beobachten, erleben und verstehen. Max Kraxenberger Verlagsgesellschaft, München, 1991. ISBN 3-928289-05-5
* Brüssel. APA RV Verlags GmbH, München, 1991. ISBN 3-575-21029-2.
* Belgien. APA RV Verlags GmbH, München, 1992. ISBN 3-575-21390-9.
* Die Auswirkungen von Basel II auf die Arbeit von Weiterbildungseinrichtungen (eBook, 2005).
* Zeit der Wunder * 60er Jahre * Ein Lebensgefühl. Books on Demand GmbH, Norderstedt, 2007. ISBN 978-3-8334-6742-4.
* Klima - Wandel statt Katastrophe Books on Demand GmbH, Norderstedt, 2007. ISBN 978-3-8334-9282-2.

Essays: * Politikverflechtung - Tödlicher Staub im Emder Hafen,
Der Kulturkampf - Kirche, Staat und Gesellschaft im 19. Jahrhundert,
Globlisierung - Chancen und Gefahren,sowie weitere Essays

Serie im "Journal" * Autor der juristischen Serie "Journalistenrecht" in der Fachzeitschrift Journal des Deutschen Journalistenverbandes.

Internationales Projekt: * Hartmut Dirks ist Gründer und Mitautor des deutsch-amerikanischen Internetprojekts für die in die USA ausgewanderten Ostfriesen und deren Nachfahren www.east-frisia.com.

60er Jahre

Zeit der Wunder

von Hartmut Dirks

Das Buch "Zeit der Wunder" des Publizisten Hartmut Dirks ist eine Zeitreise zurück in die 60er Jahre.
In 38 kleine Geschichten sind die damals aktuellen Ereignisse eingewebt. Die 60er Jahre waren nicht nur die Zeit der Kindheit und Pubertät des Anfang 1954 geborenen Autors, sondern auch die Pubertät des noch jungen Deutschlands. Begleitet wurde die Zeit durch die legendäre Musik von Elvis Presley, den Beatles und vielen anderen Stars. Erstmals landeten 1969 Menschen auf dem Mond. Historische Werbeanzeigen, die beliebtesten Vornamen des Jahres, Listen der Hits der jeweiligen Jahre und historische Tafeln runden das Buch ab. Wer etwas über das Lebensgefühl der 60er-Jahre erfahren möchte oder die Zeit selbst erlebt hat, kann mit dem Buch eine Reise zurück in die Zeit der Wunder starten. Das Buch ist für 14,90 Euro im Buchhandel erhältlich.
Der Autor bietet eine begrenzte Edition mit persönlicher Widmung an:

Internet: www.zeit-der-wunder.de
hartmut-dirks@web.de / Telefon: 0176 - 53 00 90 72.